Nneka M. Okona

SELF-CARE
in Zeiten der Trauer

Aus dem Englischen von
Kristin Funk

arsEdition

Widmung

Für meine liebe Freundin Precious C. Williams und meine Tante Francesca »Nneka« Okona-Kalu: Mögen die Erinnerungen an euch beide uns weiterhin inspirieren und ein Wegweiser im Leben sein. Und für alle, die Trauer und Verlust erfahren haben: Ich hoffe, ihr findet in diesem Buch Hoffnung, Trost, Leichtigkeit, Verständnis und Zärtlichkeit, um weiterzumachen und euer Leben neu zu gestalten.

Inhaltsverzeichnis

Jedem von uns begegnet Trauer irgendwann einmal im Leben. Sie entsteht, wenn wir einen geliebten Menschen verlieren, einen Traum loslassen müssen, wenn ein beruflicher Weg endet, ein Umzug uns weit weg von allem Vertrauten führt, wenn eine Beziehung scheitert oder unser Leben von unvorhersehbaren Umständen durcheinandergewirbelt wird. Es gibt unzählige Arten zu trauern und jeder Mensch macht dabei seine ganz eigenen Erfahrungen. Aber eine Tatsache bleibt immer gleich, egal, um welchen Verlust es sich handelt: Trauer verändert dich. Sie wirft dich völlig aus der Bahn. Und Self-Care, also die Fähigkeit, dir selbst die Dinge zu schenken, die du physisch, emotional, mental und spirituell brauchst, kann dein Rettungsanker in diesen schwierigen Zeiten sein.

Dieses Buch soll dir eine Hilfestellung sein, während du in dich hineinschaust und herausfindest, was du brauchst, um zu heilen und deine Trauer irgendwann loszulassen. Du wirst hier Ideen für Selbstfürsorge finden, die dein physisches, emotionales, mentales und spirituelles Wohlbefinden stärken.

Du wirst:
- der Weisheit deines Körpers lauschen
- emotionale Unterstützung gewinnen
- eine Auszeit von deiner Trauer planen
- ein Abschiedsritual gestalten
- und vieles mehr

Manche dieser Aktivitäten sind Schritt-für-Schritt-Anleitungen. Andere sind weniger strukturiert und lassen dir Raum, sie individuell zu gestalten. Diese Aktivitäten sind außerdem ein Sprungbrett, um herauszufinden, was Selbstfürsorge allgemein für dich bedeutet. Wenn du dich noch nie mit Self-Care auseinandergesetzt hast, kann ich dir versprechen, dass sie dein Leben völlig verändern wird. Das folgende Kapitel wird Trauer und Selbstfürsorge genauer beleuchten, damit du das Beste aus dieser Veränderung machen kannst.

Nimm aus diesem Buch mit, was dich anspricht und was dir dabei hilft, ein neues, bedeutungsvolles Leben aufzubauen. Würdige deine Trauer mit jeder Seite. Akzeptiere, dass sie existiert und dass sie dein Leben für immer verändert hat. Und dass bessere Zeiten bereits auf dich warten.

Teil eins

EIN RAHMEN FÜR TRAUER UND SELF-CARE

Wenn du dieses Buch und diese Zeile gerade liest, ist Trauer dir wohl nicht fremd. Vielleicht denkst du an vergangene Verluste zurück, die in den letzten Tagen, Wochen oder Monaten wieder aufgewühlt wurden. Oder du bist der Unbarmherzigkeit der Trauer gerade erst begegnet und suchst jetzt nach einem Weg, um mit dem Schmerz umzugehen und dich erst mal über Wasser zu halten. Hier bist du richtig.

In den folgenden Kapiteln wirst du ein tieferes Verständnis von Trauer und Selbstfürsorge erlangen. In Kapitel eins werden die verschiedenen Formen von Trauer behandelt und verschiedene kulturelle Trauerrituale vorgestellt. Es wird gezeigt, welche Formen Trauer in deinem Leben annehmen kann und auch, wie manche Menschen während ihrer Trauerreise stecken bleiben. In Kapitel zwei geht es vor allem um Selbstfürsorge, einschließlich ihrer Bedeutung in der Geschichte. Wir lernen, was Self-Care bedeutet und auch, was sie nicht bedeutet. Du wirst einen Überblick über die vier Haupttypen der Selbstfürsorge gewinnen, die dich durch die Aktivitäten und den Heilungsprozess führen, der im zweiten Teil des Buches auf dich wartet. Lies diese ersten Kapitel ganz in Ruhe. Schenke dir Zeit, um zu verarbeiten, was du liest.

Wenn es dir leichter fällt, lies dieses Buch Stück für Stück anstatt in einem Rutsch. Mach es dir gemütlich und bereite dich auf die Heilung vor, die auf dich wartet.

Kapitel eins

DEINE
TRAUER
VERSTEHEN

Jeder Mensch auf dieser Erde erlebt einmal einen Verlust, egal in welcher Form. Verlust ist unausweichlich und doch oft ein unerwarteter Umbruch, der unsere Welt völlig durcheinanderbringt und uns dazu zwingt, aus unserer alten Wirklichkeit eine neue zu erschaffen. Bei dieser Veränderung steht nur eins fest: Ein Verlust und die Trauer, die auf ihn folgt, sind absolut unberechenbar. Manche Verluste zwingen uns in die Knie und lassen uns damit ringen, nicht die Hoffnung, die Liebe oder unser Gefühl der Sicherheit zu verlieren.

Trauer entsteht natürlich, wenn wir jemanden verlieren, den wir lieben. Aber sie entsteht auch, wenn wir einen langjährigen Traum oder eine Freundschaft aufgeben müssen. Sie kann uns begegnen, wenn wir einen Job verlieren, oder auch, wenn wir von einem Ort wegziehen, den wir als unser Zuhause kennen. Das alles sind Verluste. Und sie alle können Trauer in uns auslösen.

In diesem Kapitel tauchen wir tiefer ins Thema Trauer ein. Du wirst herausfinden, wie Trauer aussehen kann, wie du mit ihr umgehen kannst und welche Rituale dir dabei helfen können, während du dein Leben weiterlebst. Du wirst außerdem verschiedene kulturelle Traditionen kennenlernen, die Trauer würdigen.

Vermutlich gibt es kein zweites Thema, das so komplex ist wie das der Trauer. Dieses Kapitel schafft deshalb die Grundlagen für dein eigenes Verständnis von ihr. Den Rest dieses Buches kannst du nutzen, um mithilfe von Selbstfürsorge deine Trauer kennenzulernen, zu verarbeiten, zu akzeptieren und schließlich zu heilen.

Wie Trauer aussieht

Trauer zu kennen und sie zu erleben, bedeutet auch, eine Vielzahl von Gefühlen zu kennen. Verschiedene Dinge sind wahr, wenn wir über Trauer sprechen. Trauer ist Traurigkeit. Trauer ist unbändige Wut. Trauer ist Ungläubigkeit und die Unfähigkeit, einen Verlust zu akzeptieren, der dein Leben erschüttert und für immer verändert hat. Trauer bedeutet auch zu akzeptieren, was dir zugestoßen ist, und doch immer wieder von den Auswirkungen überrascht zu sein, bis du irgendwann von der Achterbahnfahrt deiner Gefühle völlig erschöpft bist. Trauer bedeutet, Dinge spontan verändern zu müssen, während du noch mit dem Verlust selbst und mit deiner neuen Realität haderst. Trauer umfasst außerdem mentale und emotionale Veränderungen.

Unter Trauer versteht man all diese Dinge und gleichzeitig keins dieser Dinge, denn Trauer ist eine individuelle Erfahrung. Sie hat kein bestimmtes Aussehen und sie fühlt sich für jeden anders an. Auch wenn es helfen würde, sie besser zu verstehen, wird es niemals einen universellen Ausdruck von Trauer und Verlust geben. Deine Trauer ist genauso vielfältig und einzigartig wie deine Lebenserfahrungen. Und wie du mit deiner Trauer umgehst und in welchen Formen sie sich bei dir zeigt, ist ebenfalls vielfältig.

Die Trauer verarbeiten

Die ersten 90 Tage der Trauer werden auch oft als »frühe Trauerphase« bezeichnet. Es sind Tage, in denen den Trauernden viele schmerzhafte Wahrheiten begegnen. Diese frühe Phase der Trauer ist verwirrend und fühlt sich oft an, als würde man durch einen dichten Nebel laufen. Selbst unsere kognitiven Fähigkeiten sind eingeschränkt. Das Verarbeiten von Informationen dauert länger als sonst.

Diese frühe Trauerphase folgt bestimmten gesellschaftlichen Verhaltensweisen, besonders, wenn wir um einen geliebten Menschen trauern. Beerdigungen, Gedenkfeiern, Totenwachen ... sie alle existieren, um unseren Verlust zu würdigen. Wir kommen als Gemeinschaft mit anderen Trauernden zusammen, weil wir in der Gemeinschaft Unterstützung finden und uns gemeinsam an die geliebten Menschen erinnern können, die wir verloren haben. Die Trauer, die auf diese ersten Tage folgt, ist natürlich nicht weniger bedeutsam oder schmerzhaft. Die ersten Trauerrituale sind vor allem wichtig, weil sie die abrupte Veränderung ins Unbekannte kennzeichnen: unser Leben nach dem Verlust und alles, was es beinhaltet.

Trotz dieser vertrauten Rituale kann die Trauer uns auf einen verworrenen Weg der Emotionen, Gedanken und Handlungen führen. Und oft haben wir das Gefühl, dass man uns drängt, unseren Verlust endlich zu akzeptieren und so schnell wie möglich weiterzumachen. Diese Gefühle können auch vom Druck stammen, den wir uns selbst machen, von Bemerkungen der anderen oder von sozialen und gesellschaftlichen Erwartungen (mehr dazu später). Aber Druck, Bemerkungen und Erwartungen mal kurz ausgenommen – wie kannst du auf gesunde und heilende Weise trauern?

Du trauerst auf gesunde Weise, indem du andere Trauernde daran erinnerst, sich Zeit zu lassen. Du trauerst, indem du dich nicht selbst für deine eigene Trauer verurteilst. Du schenkst dir selbst die gleiche Akzeptanz und Unterstützung, die du auch anderen in schwierigen Zeiten geschenkt hast. Du trauerst, indem du offene Gespräche darüber führst, wie Trauer jeden einzelnen von uns betrifft und dass Verluste genauso ein Teil des Lebens sind wie Veränderungen. Denn Trauer und Verlust machen vor niemandem Halt. Niemand kann sich vor Verlusten, egal wie groß oder klein sie sind, verstecken.

Trauer in der Gesellschaft

Niemand möchte, dass du in deiner Trauer versinkst. Wenn du jemanden verloren hast oder einen anderen Verlust im Leben erlitten hast, solltest du nicht zu lange trauern. Das ist zumindest das, was die Gesellschaft uns mit Nachdruck einbläut. Das Ziel eines jeden Verlusts – und jeder Form von Trauer – ist es, möglichst schnell in die Zukunft zu springen, und zwar so weit wie möglich, und dann die Lektionen, die man gelernt hat, und was auch immer man an Weisheit gewonnen hat, direkt anzuwenden und schnellstmöglich weiterzumachen. Du sollst auf keinen Fall traurig sein. Und du darfst auf keinen Fall deine Trauer öffentlich zeigen. Du sollst gleichmütig sein, am besten sogar glücklich, und zeigen, dass es dir gut geht und dein Verlust dich unberührt lässt. Das ist unsere Trauerkultur – eine Kultur, die sowohl die Realität von Trauer leugnet als auch die Menschen daran hindert, die Verluste, die sie auf fundamentale Art und Weise verändert haben, zu fühlen und sich mit ihnen auseinanderzusetzen. Es ist eine Kultur, die uns leider daran hindert, offen und ehrlich miteinander über Trauer und Verlust zu sprechen. Wir alle werden irgendwann etwas verlieren. Und wir alle werden Menschen verlieren, die wir lieben.

Um die Sache noch schlimmer zu machen, gibt es in unserer Gesellschaft keine altbewährten Rituale, die jene Verluste würdigen, bei denen es nicht um Tod geht. Es gibt keine Feierlichkeiten oder Rituale, die auf gesunde Weise verschiedene Arten von Trauer würdigen – die Trauer über eine gescheiterte Beziehung, einen Jobverlust oder einen Umzug weit weg von allem Vertrauen. Wir haben schlicht und ergreifend keine kulturellen Traditionen, die uns dabei helfen, diese Verluste zu verarbeiten.

Trauerbräuche

Anders als bei anderen Verlusten gibt es beim Tod viele verschiedene Traditionen in unterschiedlichen Kulturen. Diese Bräuche sind tief in den Gesellschaften verankert und zeigen ihren Mitgliedern, was es bedeutet, zu trauern.

Während einige Traditionen sich in unterschiedlichen Kulturen sehr ähneln, sind andere Bräuche nur in bestimmten Teilen der Welt zu finden. Zwischen den Bräuchen westlicher Kulturen und den Bräuchen anderer Kulturen gibt es jedoch entscheidende Unterschiede.

Trauer in der westlichen Kultur

Die westliche Kultur unterstützt trauernde Familien auf eine vorgegebene Art und Weise. Neben der klassischen Beerdigung (manchmal mit anschließendem Leichenschmaus), ist das Mitbringen von kleinen Geschenken, zum Beispiel in Form von Essen, Blumen oder sogar Geld eine Form der Unterstützung. Diese Geschenke sollen meistens Anteilnahme und Beistand ausdrücken. Mit der Beerdigung beginnt und endet die Trauer leider in westlichen Kulturen. Aus der Trauer wird dann eine einsame Erfahrung – eine, die man möglichst schnell hinter sich bringen soll. Im Gegensatz dazu ist das Trauern in anderen Kulturen der Welt eine gemeinsame Erfahrung, die über einen deutlich längeren Zeitraum stattfindet.

Trauer in der jüdischen Kultur

Im Judentum wird der Toten mithilfe der *shiw'a* gedacht, was im Hebräischen »sieben« bedeutet. Während einer einwöchigen Trauerzeit trauern alle Familienmitglieder, Freunde und Weggefährten der oder des Verstorbenen (bei deren bzw. dessen Seele mutmaßlich bereits in die geistige Welt übergegangen ist) gemeinsam. Die *shiw'a* folgt direkt auf die Beerdigung des verstorbenen Menschen. Sie ist nicht etwa eine Empfehlung, sondern gilt als moralische Verpflichtung. In den sieben Tagen nach der Beerdigung bleiben die engsten Angehörigen – die Partner, Kinder, Geschwister und Eltern – zu Hause. Während dieser Zeit werden sie von der restlichen Verwandtschaft besucht, getröstet und unterstützt. Die *shiw'a* soll den Trauernden eine Art Struktur geben, in der es erlaubt ist, über den Verlust zu sprechen, die eigenen Gefühle zu ordnen und schließlich nach sieben Tage der Stille und Dunkelheit einen würdevollen Weg zurück ins Leben zu finden.

Trauer in der afroamerikanischen Kultur

Die Extravaganz und das Flair, die westafrikanische Trauerrituale ausmachen, findet sich auch in den Trauerritualen von Schwarzen Amerikanern wieder. Obwohl in allen Regionen der Vereinigten Staaten Afroamerikaner leben, wohnen die meisten noch immer in den Südstaaten – eine Folge der Versklavung ihrer Vorfahren in dieser Region. Diejenigen, die noch immer im Süden der USA leben, sind direkte Nachfahren versklavter Afrikaner. Dementsprechend blieben die Trauerrituale ihrer afrikanischen Vorfahren natürlich bestehen. Das umfasst nicht nur die verschiedenen Aktivitäten, um die Verstorbenen vor der Beerdigung zu ehren, sondern auch das Tragen schöner Kleidung bei der Beerdigung selbst.

Das afroamerikanische Traueressen

Ein bedeutender Teil afroamerikanischer Beerdigungen ist der Leichenschmaus, zu dem alle Trauernden zusammenkommen, um gemeinsam zu essen. Es ist ein Ausdruck der Gemeinschaft und untermauert die Wichtigkeit des gemeinsamen Trauerns.

Üblicherweise findet bei einem der Familienmitglieder ein »open house« statt, bei dem die Tür für alle Angehörigen und Bekannten offen steht. Dort kann man gemeinsam essen, plaudern und sich austauschen. Die Trauerfeier selbst findet meistens im Bestattungsinstitut statt, wird aber manchmal auch im Haus eines Familienmitglieds abgehalten. Auf den Beerdigungsgottesdienst folgt schließlich das Begräbnis und ein gemeinsames Traueressen.

Trauer in der mexikanischen Kultur

Día de los Muertos, der »Tag der Toten«, ist ein mehrtägiges mexikanisches Fest. Bei den Feierlichkeiten werden die Verstorbenen geehrt, indem man für sie Festumzüge veranstaltet, ihnen einen Besuch auf dem Friedhof abstattet und, ganz besonders wichtig, ihnen zu Hause einen Altar errichtet. Diese Altäre, meist auf Tischen aufgebaut, werden mit Kerzen, Fotos und Erinnerungsstücken geschmückt. Außerdem wird das jeweilige Lieblingsessen der Verstorbenen angerichtet.

Zwei Symbole, die man während dieses Fests am häufigsten sieht, sind strahlende Ringelblumen und Totenköpfe. Die Feiernden genießen außerdem gerne das »pan de muerto«, ein traditionelles, süßes Brot, das extra für die Feierlichkeiten gebacken wird.

Tag der Toten: Feierlichkeiten
Día de los Muertos fällt mit dem christlichen Allerheiligenfest zusammen und wird vom 1. bis zum 2. November gefeiert. Das größte Fest findet in der Stadt Oaxaca im Süden Mexikos statt.

Abschließende Worte

Auch wenn es viele schöne Beispiele kultureller Trauerrituale gibt, helfen sie nur wenig bei den langfristigen Folgen von Trauer. Nur weil die Beerdigung und Trauerfeiern beendet sind, bedeutet das nicht, dass es bei deiner Trauer genauso aussieht. Und auch die Trauer über einen anderen Verlust verschwindet nicht einfach unmittelbar danach. Auch wenn von dir erwartet wird, dass du einfach mit dem Leben weitermachen sollst, begleitet dich die Trauer weiterhin.

Die Auswirkungen von Trauer

Es wird gesellschaftlich, kulturell und von unserem Umfeld erwartet, dass wir so schnell wie möglich weitermachen. Unser Verlust und unsere Trauer fordern jedoch Aufmerksamkeit von uns. Sie tauchen ganz plötzlich in unserem Leben auf, und die Auswirkungen, die sie haben, können wir noch für den Rest unseres Lebens spüren. So individuell wie die Trauer selbst sind auch die Auswirkungen, die sie hat.

Ein gängiger Begriff aus der Psychologie ist »secondary losses«, also sekundäre Verluste oder Folgeverluste. Die Erklärung ist einfach: Wenn ein großer Verlust stattfindet, folgen auf ihn viele weitere, kleinere Verluste. Sie sind vielleicht auf den ersten Blick nicht so schmerzhaft wie der ursprüngliche Verlust, aber ihre Auswirkungen können genauso schädlich sein, manchmal sogar in noch höherem Ausmaß. Folgeverluste zeigen, wie Verlust jeden Bereich, jede Ecke, jeden Aspekt unseres Lebens durchdringt.

Um das Prinzip von Folgeverlusten genauer zu verstehen, können wir das folgende Beispiel nehmen: Eine Frau verliert ihren langjährigen Lebenspartner und wird damit zur Witwe. Sie hat allerdings nicht nur ihren Ehemann verloren, sondern gleichzeitig auch ihren Begleiter im Alltag.

Normale Aktivitäten wie der Wocheneinkauf oder das Essengehen am Wochenende sind nun für immer anders. Die Reisen, die sie so gerne mit ihm unternommen hat, muss sie nun allein oder mit jemand anderem antreten.

Es gibt nichts, was nicht durch diesen Verlust berührt oder verändert wurde. Während wir in unserer Trauer darüber nachdenken, was unser Verlust für uns bedeutet, wird uns das ungeheure Ausmaß erst nach und nach bewusst. Deshalb ist Self-Care so wichtig für unser Weiterleben.

Eine Herausforderung für unsere mentale Gesundheit

Unsere mentale Gesundheit ist auf vielfache Weise von unserem Verlust, den Folgeverlusten und unserer Trauer betroffen. Bei denjenigen, die damit zu kämpfen haben, ihren Verlust und die vielen Veränderungen, die ihm folgen, zu verarbeiten, liegt oft eine Anpassungsstörung mit depressiven Verstimmungen und Ängsten vor. Eine anhaltende Trauerstörung (auch als »komplizierte Trauer« bekannt) ist eine weitere häufige Diagnose, bei der die trauernde Person in einer endlosen Trauerschleife festhängt, ohne auf gesunde und sinnstiftende Weise weiterzukommen. Das schließt diejenigen ein, die immer tiefer in einem Loch aus Depressionen und Ängsten versinken und scheinbar nicht mit ihrer Trauer fertigwerden.

Diejenigen, die unter einer Anpassungsstörung, depressiven Verstimmungen, Ängsten oder einer anhaltenden Trauerstörung leiden, sollten sich professionelle Hilfe suchen. Gesprächstherapie, Medikamente und andere Behandlungsmethoden haben sich hier als Erfolg versprechend herausgestellt.

Veränderungen in allen Lebensbereichen

Es liegt in der Natur von Verlust und Trauer, dass diejenigen, die sich gerade am Anfang dieser Erfahrung befinden – oder bereits mittendrin sind –, sich darauf vorbereiten sollten, dass alles in ihrem Leben sich ständig und unerwartet verändern wird. Nichts wird jemals wieder so sein, wie es war. Dein Blick aufs Leben wird sich verändern und auch, wie du mit zukünftigen Verlusten umgehen wirst. Auch die Beziehungen zu allen Menschen in deinem Leben werden sich verändern. Manche werden vielleicht inniger durch die Unterstützung, die du erfährst. Andere Beziehungen werden schwächer oder lösen sich sogar völlig auf. Auch wenn Veränderungen ein unausweichlicher Teil des Lebens sind, können uns die Veränderungen, die durch einen Verlust entstehen, neue und wunderschöne Sichtweisen schenken, die uns dabei helfen können, weiterzumachen.

Ein neues Leben

Du hast nun gelernt, was Trauer bedeutet und was sie nicht bedeutet, woher sie kommt, welche kulturellen Trauerrituale es gibt und welche Auswirkungen Trauer auf einen Menschen und sein gesamtes Leben haben kann. Jetzt kommen wir zum nächsten Teil deiner Trauerreise, und zwar: den Schmerz zu lindern und dir selbst neues Leben einzuhauchen. In den folgenden Kapiteln wirst du mehr über Selbstfürsorge lernen und wie revolutionär und regelrecht heilend Self-Care-Übungen sein können, während du deine Trauer verarbeitest. Trauer ist eine Kraft, die alles berührt, was ihren Weg kreuzt. Selbstfürsorge hilft dir dabei die Traurigkeit, Dunkelheit und den Schmerz eines Verlustes zu bekämpfen. Lass dich von ihr verwandeln.

Kapitel zwei

WAS
IST
SELF-CARE?

Self-Care ist eine wichtige Methode die dir hilft, dich regelmäßig gut um dich selbst zu kümmern. Das kann bedeuten, dass du ausreichend Wasser trinkst und Zeit mit deinen Lieben verbringst, aber auch, dass du dir Ziele setzt und dich in Meditation übst. Mit Hilfe dieser bewussten Aktivitäten schenkst du deinem Körper, deinem Geist und deiner Seele neue Energie. Trauer und Selbstfürsorge gehen Hand in Hand. Während du trauerst, musst du dich umso besser um dich selbst kümmern, damit du deine Energiereserven, die in Zeiten der Trauer schneller schwinden als je zu vor, wieder aufladen kannst. Du brauchst Selbstfürsorge, um jeden Tag weitermachen zu können, während du deine Trauer verarbeitest. Indem du dich um dich selbst kümmerst, kannst du dir selbst Mitgefühl schenken. Das hilft dir dabei, dein gebrochenes Herz mit Würde zu behandeln. In den folgenden Kapiteln lernst du mehr über Self-Care als Methode, um nach einem Verlust zu heilen. Außerdem wirst du etwas über die Ursprünge der Selbstfürsorge im Feminismus erfahren. Du wirst entdecken, was Selbstfürsorge ist und auch, was sie tatsächlich nicht ist. Du wirst mehr über die vier Typen der Selbstfürsorge lernen, die in den 100 heilenden Übungen in Teil 2 enthalten sind. Self-Care kann unterstützend und lebensverändern sein. Doch bevor das möglich ist, muss eine Entscheidung von dir getroffen werden – ein Moment, in dem du entscheidest, dass du dich selbst wertschätzt und dir selbst Zeit und Energie schenken möchtest, indem du gut für dich sorgst. Während eines Verlustes können Gemeinschaft, Unterstützung und Selbstfürsorge den entscheidenden Unterschied machen.

Die Ursprünge von Self-Care

Die gefeierte Schriftstellerin, Poetin, Aktivistin und queere Schwarze Feministin Audre Lorde (die 1934 in Harlem, New York geboren wurde) hatte eine ganze Menge über Self-Care zu sagen. Eins ihrer berühmtesten Zitate lautet: »Mich um mich selbst zu kümmern ist nicht Selbstgefälligkeit. Es ist Selbsterhaltung, und das ist ein politischer Akt.« Sie sprach hier vor allem darüber, sich um sich selbst als afroamerikanische Frau zu kümmern. Als sie 1988 diese Worte – als Schwarze Frau, die ständig Rassismus und Diskrimination ausgesetzt war – schrieb, war die bloße Vorstellung, dass sie sich um sich selbst kümmern wollte, ein radikales Konzept.

Es ist wichtig anzumerken, dass die Ursprünge von Self-Care im Schwarzen Aktivismus und in feministischen Denkansätzen und Lehren von Schriftstellerinnen wie Audre Lorde liegen. Self-Care wurde als etwas entwickelt, das die Macht hat, die Art und Weise zu ändern, in der sich Menschen um sich selbst kümmern. Und das in einer Welt, in der Trauer und Verluste allgegenwärtig sind, vor allem, was die schwierigen Umstände von Schwarzen und Frauen betrifft.

Bevor Lorde ihre einflussreichen feministischen Schriften zu diesem Thema verfasste, warb schon die revolutionäre Bewegung Black Panther Party in den 1970er Jahren für das Prinzip von Selbstfürsorge. Das sollte dazu dienen, dem medizinischen Rassismus entgegenzuwirken, dem Schwarze Menschen oft ausgesetzt waren, wenn sie eine Ärztin oder einen Arzt aufsuchten. Von da an wuchs das Prinzip von Self-Care und entwickelte sich weiter, bis es zu der beliebten Praxis wurde, die es heute ist.

Diese Ursprünge zu kennen ist wichtig. Nein, Self-Care wurde nicht als Hashtag auf Social-Media-Plattformen geboren oder aus dem Wunsch, einen entspannten Tag in der Therme zu genießen. Self-Care war immer schon eng damit verknüpft, einen Weg zum Überleben zu finden und sich dabei selbst zu schützen. Wenn dir das bewusst ist, wirst du deiner eigenen Selbstfürsorge ohne Schuldgefühle oder Ausreden nachgehen können, denn sie ist für deine Selbsterhaltung unentbehrlich. Du verdienst diese bewusste Pflege von dir selbst.

Was Self-Care bedeutet

Die Launen des Lebens fordern unsere Aufmerksamkeit. Es reicht nicht, einfach nur morgens mit den ersten Sonnenstrahlen aufzuwachen. Und es reicht auch nicht, am Abend auf den vergangenen Tag zurückzublicken, voller Grübeleien und Gewissensbisse, während die Sonne hinter dem Horizont untergeht und in der Dunkelheit verschwindet. Es muss im Leben eine Kraft geben, ein Licht, das uns den Weg weist und der Unberechenbarkeit des Lebens entgegenwirkt. Selbstfürsorge kann dieses Licht sein.

Um genau zu sein, könnte man Self-Care als die Summe aller Aktivitäten definieren, die dabei helfen, dein physisches, emotionales, mentales und spirituelles Wohlbefinden zu unterstützen.

Es ist mehr als eine einmalige Entscheidung, etwas Freundliches oder Nettes für dich selbst zu tun. Obwohl das natürlich auch immer gern gesehen ist! Es ist jedoch viel mehr eine Kombination aller Dinge, die du machst, um dich gesund, erfüllt und lebendig zu fühlen. Auf diese Weise kann Selbstfürsorge als eine Disziplin angesehen werden: Du verpflichtest dich zur Selbstfürsorge und integrierst sie in dein Leben. Du entscheidest dich für Self-Care – auch wenn du dich lieber etwas Einfacherem widmen würdest und wenn es sich manchmal wie eine lästige Pflicht anfühlt, dich gut um dich selbst zu kümmern, um dich erfüllt zu fühlen. Du kümmerst dich aufopferungsvoll um dich selbst, um dich selbst zu ehren. Das ist Self-Care.

Die Einzigartigkeit von Self-Care

Selbstfürsorge ist individuell. Sie ist deine persönliche Suche nach dem, was du benötigst, was du dir wünschst und was deine Seele braucht. Du musst dich mit dir selbst auseinandersetzen, dir einige Fragen stellen und dich selbst erforschen, um die Art von Klarheit und Sicherheit zu finden, die dir nur deine innere Wahrnehmung schenken kann. Sich mit Selbstfürsorge auseinanderzusetzen bedeutet auch, neugierig und mutig genug zu sein, um dich selbst zu fragen, was dir mehr Erfüllung im Leben schenken würde.

Digitale Hilfe für mehr Selbstfürsorge

Es gibt online viele Apps, die dich bei deiner Reise zu mehr Self-Care unterstützen können. Einige von ihnen schicken dir direkte Erinnerungen auf dein Handy. Sie können dich daran erinnern, Grenzen zu setzen und dich dazu inspirieren, achtsamer und authentischer zu leben.

Das ist umso wichtiger für deine innere Forschungsreise, während du trauerst. Ein Verlust verlangt von uns, dass wir uns darüber klar werden, wie wir uns selbst und dem Leben gegenüberstehen, das auf uns wartet. Unsere alte Art zu leben kann nicht länger unser Zuhause sein. Wir müssen es neu aufbauen, Stein für Stein. Die Fürsorge uns selbst gegenüber – wie wir sie gestalten und wie aufrichtig wir sie angehen – entscheidet darüber, wie gut diese Steine aufeinander- und zusammenpassen, während sie die Grundlage unserer Seele bilden. Der Grad unserer Selbstfürsorge entscheidet darüber, ob diese Steine solide und stark sind oder krumm und kaputt und schon beim kleinsten Hauch von Chaos und Unglück umfallen.

Die Wechselbeziehung von Self-Care

Selbstfürsorge ist auch wechselseitig. Ja, Self-Care konzentriert sich vollkommen darauf, wie wir für uns selbst sorgen mithilfe von Ritualen und Übungen, die zu unserem ganzheitlichen Wohlbefinden beitragen. Aber diese Rituale und Übungen sollten nicht nur in deiner eigenen kleinen Blase durchgeführt werden. Wir sind nicht dazu bestimmt, ganz für uns allein auf einer Insel zu existieren.

Unsere Gemeinschaft zu pflegen ist ein wichtiger Bestandteil von Self-Care. Wenn wir uns auf unsere Freunde, Familie, Lebenspartner, Kollegen und Nachbarn verlassen können, geht es uns besser. Wir haben Menschen, auf die wir zählen und an die wir uns wenden können, wenn wir ein bisschen zusätzliche Hilfe und Pflege gebrauchen können, die wir uns selbst nicht bieten können. Wenn wir offen sind und um Hilfe bitten, signalisieren wir außerdem auch anderen, dass sie das umgekehrt genauso tun können, wenn sie Unterstützung benötigen. Somit werden Liebe und Fürsorge zu einem Ökosystem, aus dem wir schöpfen können, wenn unsere eigene Kraftquelle ausgetrocknet ist.

Was Self-Care nicht bedeutet

Die Popkultur gaukelt uns vor, dass Self-Care eine einfache, mühelose und oft alberne Methode ist, um Wohlfühl-Aktivitäten in unser Leben zu integrieren: die Maniküren und Pediküren, die extra Portion Eiscreme oder das besondere Dessert, das wir so gerne essen, wenn wir einen harten Tag hinter uns haben. Self-Care ist zu einem konsumorientierten Modewort geworden, das eine sofortige Befriedigung unserer Bedürfnisse verspricht, aber fast nichts mehr mit seinen ursprünglichen Wurzeln und seiner grundlegenden Bedeutung zu tun hat. Ja, angenehme Dinge können, abhängig von den Umständen, eine Form von Selbstfürsorge sein. Ja, es gibt viele Aktivitäten, die bestärkend und tröstend sein können. Aber Self-Care nur auf diese Dinge zu beschränken unterschlägt, wie sehr Selbstfürsorge uns grundsätzlich verändern kann.

Self-Care ist außerdem nicht in Stein gemeißelt. Die Bedürfnisse und Sehnsüchte, die wir in uns selbst spüren? Sie sind immer in einem Zustand ständiger Veränderung, vor allem, wenn wir gerade einen Verlust erleben. Es gibt im Laufe der Zeit immer wieder neue Erkenntnisse zu entdecken und neue Gefühle zu fühlen. Die Selbstfürsorge, die wir uns in dieser schwierigen Zeit schenken, muss sich unserer Trauer anpassen, genauso wie wir uns unserer Trauer anpassen müssen. Genauso wie manche Menschen, Orte und Dinge ihren Lauf genommen haben und uns nicht mehr nützen, gilt das auch für unsere Selbstfürsorge-Methoden. Es liegt an uns, etwas, was nicht länger zu uns passt, in etwas Geeigneteres zu verwandeln.

Verschiedene Formen von Self-Care

Wie bereits erwähnt, gibt es verschiedene Formen der Selbstfürsorge, und zwar ganz egal, ob du dich im Alltag um dich selbst kümmerst oder während du trauerst. Die Aktivitäten, die dir in Teil 2 gezeigt werden, konzentrieren sich vor allem auf die vier Haupttypen: physisch, emotional, mental und spirituell.

Physische Selbstfürsorge

Physische Selbstfürsorge setzt sich damit auseinander, wie verankert, präsent und verbunden du in und mit deinem Körper bist. Diese Art von Self-Care regt dich dazu an, darüber nachzudenken, was du für deinen Körper tun kannst, damit er sich nicht schlapp, erschöpft und ausgelaugt fühlt. In welcher Weise hilfst du deinem Körper dabei, mit so viel Energie und Schwung wie möglich zu agieren? Bewegst du dich regelmäßig? Ruhst du dich genauso lange aus, wie du dich bewegst, um eine gesunde Balance zwischen beidem zu finden? Die Dinge, die wir mit unserem Körper aufnehmen, sind genauso wichtig: was wir essen und trinken, welche Nährstoffe wir zu uns nehmen und so weiter. In Kapitel drei wirst du verschiedene Aktivitäten zur Heilung kennenlernen, die sich auf physische Selbstfürsorge fokussieren und darauf, wie du deinen Körper mit Bewegung, Ruhe und Ernährung unterstützen kannst, während du trauerst.

Emotionale Selbstfürsorge

Emotionale Selbstfürsorge betrifft die Steuerung und Ordnung unserer Gefühle und wie diese Gefühle mit unserer Trauer zusammenspielen und sich mit ihr überschneiden. Es ist eine weit verbreitete Annahme, dass Trauer vor allem Traurigkeit und Schwermut bedeutet. Das ist vermutlich auch für diejenigen der Fall, die tief in ihrer Trauer versunken sind. Aber Trauer ist eine individuelle Erfahrung und sie ist von Mensch zu Mensch unterschiedlich. Deshalb sollte man Emotionen jeglicher Art Raum geben. Diejenigen, die trauern, können traurig, mürrisch oder lethargisch sein; sie können sich schuldig, wütend oder erleichtert fühlen und natürlich können sie auch viele weitere widersprüchliche und komplexe Gefühle haben.

Wenn es um unsere Emotionen geht, dann ist Selbstfürsorge eine Möglichkeit, an unserer eigenen Heilung zu arbeiten. Self-Care sollte allerdings immer flexibel sein, denn während unseres Trauerprozesses durchleben wir ständig verschiedene emotionale Phasen. Deshalb sollten unsere Rituale der Selbstfürsorge immer zur aktuellen Situation passen. Kapitel vier befasst sich mit emotionaler Selbstfürsorge und bietet eine Sammlung verschiedener Aktivitäten, die uns dabei helfen können, unsere Emotionen mit Mitgefühl und ohne Urteil zu spüren und zu erleben.

Mentale Self-Care

Gedanken sind nur Gedanken sind nur Gedanken sind nur Gedanken. Sie existieren unabhängig von uns und sind nicht mehr und nicht weniger als eben einfach nur: Gedanken. Und trotzdem glauben wir oft, dass wir unseren Gedanken verpflichtet sind oder dass sie die ultimative Wahrheit über unser Leben und unsere Lebenserfahrungen widerspiegeln. Aber wir haben mehr Macht, als wir denken. Wir sind nicht nur Puppen, die von unseren Gedanken gesteuert werden. Bei der mentalen Selbstfürsorge geht es darum, unsere Gedanken einfach nur zu beobachten, während sie kommen und gehen, und uns fest vorzunehmen, uns nicht von ihnen beherrschen zu lassen. Unser Geist ist ein mächtiger Ort, an dem wir während unserer Trauer Ruhe schaffen können – falls wir vorsichtig genug sind und nicht geradewegs in ein Mienenfeld verzerrter Wahrnehmungen stolpern. Die Übungen zur mentalen Self-Care in Kapitel fünf sollen dir dabei helfen, einen klaren Kopf zu bewahren und gesunde Bewältigungsstrategien zu finden.

Spirituelle Self-Care

Spiritualität ist meistens freier und weniger streng strukturiert als religiöse Institutionen. Sie kann das Verehren einer Gottheit beinhalten, aber auch die Suche nach innerem Frieden und einem tieferen Sinn. Auch das Knüpfen von Verbindungen zu anderen Menschen kann eine Rolle spielen. Spirituelle Selbstfürsorge ist eine Einladung, in dich hineinzulauschen und zu überlegen, was Spiritualität für dich bedeuten kann.

Spiritualität online

Du findest im Internet viele Quellen, die dir zeigen, wie du Spiritualität in dein modernes Alltagsleben integrieren kannst. Zwei wundervolle Beispiele sind die Motivationsrednerin Gabrielle Bernstein und die Unternehmerin Marie Forleo. Sie schenken dir einen guten Einblick ins Thema mithilfe von Youtube-Videos, Instagram-Posts und Blogbeiträgen.

Wenn es um Trauer geht, ist Spiritualität natürlich ein zentrales Thema. Trauer kann eine Erfahrung sein, die uns den Boden unter den Füßen wegreißt, uns tief verunsichert und unser ganzes Leben erschüttert. Wenn wir uns unserem spirituellen Selbst annähern, können wir dazulernen und endlose Möglichkeiten finden, um mehr Intention und innere Ruhe zu finden sowie den Mut, uns voller Vertrauen dem Unbekannten zu stellen. In Kapitel sechs findest du Übungen, die dich dazu ermutigen sollen, Spiritualität in dein Leben zu integrieren.

Wähle dich selbst

Egal, ob physisch, emotional, spirituell oder mental – dir selbst Kraft zu schenken ist nicht nur eine Entscheidung, sondern auch eine Liebeserklärung an dich selbst. Du bist dir selbst etwas wert und du fokussierst dich auf das, was du brauchst, um zu heilen. Selbstfürsorge kann dir auf deiner Trauerreise den Weg weisen und die Aktivitäten, die du in diesem Buch findest, zeigen dir, wie es geht. Nimm dir Zeit mit diesen Übungen und mache sie in deinem eigenen Tempo. Sei bereit zu heilen.

Teil zwei

LIEBEVOLLE ÜBUNGEN FÜR DEIN TRAUERNDES ICH

Trauer ist emotional, chaotisch, vielschichtig und komplex. Sie zu navigieren kann eine Herausforderung sein. Eine praktische und durchdachte Herangehensweise kann eine große Rolle spielen, um nach einem Verlust zu heilen. Im zweiten Teil dieses Buchs kannst du die Grundlagen von Trauer und Selbstfürsorge, die du in Teil 1 kennengelernt hast, vertiefen. Hier findest du 100 Übungen, aufgeteilt in verschiedene Kapitel, die nach den vier Typen der Selbstfürsorge gegliedert sind: physisch, emotional, mental und spirituell.

Jede Übung wurde konzipiert, um dich auf deiner Trauerreise zu unterstützen. Wo du startest, ist dir selbst überlassen. Dieser Teil ist flexibel gestaltet und du entscheidest, welche Übung dich gerade am meisten anspricht. Wenn du zum Beispiel unter Schlafstörungen leidest, solltest du einen Blick in Kapitel drei werfen. Dort geht es um die Bedeutung von erholsamem Schlaf und Entspannung. Dieser Teil ist für dich. Er ist deine Chance, deine Trauer und deine Verluste mit einer Zärtlichkeit zu umarmen, die du bisher vielleicht noch gar nicht kanntest. Es ist deine Chance, deine Heilung über alles andere zu stellen. Du hast es dir verdient.

Kapitel drei

PHYSISCHE SELF-CARE

*Selbstfürsorge,
die dir durch Bewegung,
Erholung und Ernährung hilft,
deinem Körper neue Kraft
zu schenken*

Stell dir deinen Körper als Tempel vor: wunderschön, ehrwürdig und sogar heilig. Auch wenn die Zeit ihre Spuren an Tempeln hinterlässt, bleiben sie doch intakt und zwar durch die Zeit, Geduld und den Respekt, den Gläubige ihnen schenken.

Auch unser Körper braucht diese Art von Pflege und Zärtlichkeit. Besonders, wenn wir Trauer begegnen, die eine zerstörerische und erschütternde Kraft sein kann. Wenn es um Verlust geht, dann gibt es keinen Teil von uns, der unversehrt davonkommt. Wir können sein Gewicht jeden Morgen auf unserem Brustkorb fühlen, wo er nur darauf wartet, dass wir aufwachen. Verlust ist ein Schmerz in den Hüften, ein Grummeln im Bauch oder das ängstliche Zittern am ganzen Körper, das wir manchmal spüren. Diese Erfahrung beeinträchtigt und verändert unseren Körper.

In diesem Kapitel wirst du Hilfestellungen finden, um deine physische Kraft aufzubauen, deine Stimmung zu stabilisieren und dich auf deine eigene Heilung zu fokussieren. Du wirst dich auf deine Köperpflege konzentrieren, auf das Kochen von gesundem Essen, auf das Dehnen deiner angespannten Muskeln und vieles mehr. Du wirst herausfinden, dass der erste Schritt der Selbstfürsorge die Pflege deines Köpers ist und dass das eins der wenigen Dinge ist, zu denen du in den ersten frühen Phasen deiner Trauer in der Lage sein wirst.

SETZ DICH IN BEWEGUNG

Bist du eigentlich in deinem eigenen Körper präsent? Bewegung schenkt dir nicht nur das Glücksgefühl, das sich einstellt, wenn Endorphine und Serotonin ausgeschüttet werden; sie ist auch eine erdende Übung, die die Verspannungen in deinem Körper lockert, die von Verlust und Trauer ausgelöst werden. Bewegung offenbart, wie sich die Verspannungen und Schmerzen in deinen Muskeln, deinem Rücken und anderen Körperteilen auch in verschiedenen anderen Teilen deines Lebens zeigen.

Erste Schritte, um in Bewegung zu kommen:

1. Starte langsam. Du kannst nicht plötzlich von null auf hundert starten, acht Kilometer rennen und dann erwarten, dass das zu einer alltäglichen Gewohnheit wird. Mache kleine Schritte. Wenn du normalerweise viel sitzt, fang damit an, fünf Minuten Bewegung in deinen Alltag zu integrieren. Das kann ein kurzer Spaziergang durch die Nachbarschaft sein oder eine kurze Dehnübung zu Hause. Wenn du sowieso schon aktiv bist, füge noch ein bisschen mehr Bewegung zu deinen üblichen Gewohnheiten hinzu.

2. Tu das, was dir Spaß macht. Versuche in die Aktivitäten, die du sowieso schon gerne machst, ein bisschen Bewegung zu integrieren. Du magst es nicht, draußen zu sein? Dann werden dir Spaziergänge im Park oder in der Nachbarschaft vermutlich nichts bringen. Beweg dich so, wie es sie zu dir persönlich passt.

3. Schenke dir selbst Mitgefühl. Akzeptiere, dass du auch mal ins Straucheln kommen wirst, während du diese neue Gewohnheit aufbaust. Du trauerst. Gehe nicht zu streng mit dir und deinen Erwartungen um, sondern liebevoll. Wenn du scheiterst oder aufgrund deiner Trauer mal keine Energie hast, spring einfach wieder auf den Zug auf, wenn du so weit bist. Hab keine Angst, von vorne zu starten.

4. Schaue zurück und erkenne, was diese neue Gewohnheit dir bringt. Nachdem du dich mindestens zwei Wochen lang regelmäßig bewegt hast, wirf einen Blick zurück und überlege dir, was es dir gebracht hat. Du solltest kleine Veränderungen erkennen können, aber auch spürbare Erfolge in deinem Leben, die dir dabei helfen, motiviert zu bleiben und weiterzumachen.

Deinen Alltag auf wiederkehrenden Ereignissen aufzubauen, kann tröstlich und heilend sein. Stell es dir als kleines Geschenk an dich selbst vor, das du selbst steuern und organisieren kannst. Während du trauerst, gibt es zahlreiche Störungen und Ereignisse, über die du keine Kontrolle hast. Dich zu bewegen ist eine Gewohnheit, die du selbst gestalten kannst. Stell es dir so vor: In einer Zeit, in der du dringend eine Atempause vom Schmerz deines Verlusts und von den Anstrengungen neuer Veränderungen suchst oder emotionale Unterstützung als Ablenkung brauchst, kannst du dieses Ritual nutzen, um nach innen statt nach außen zu schauen. Dort findet schließlich Heilung statt.

NUTZE DIE KRAFT DES WASSERS

Wir stellen uns das Wasser oft als Kraftort vor – als Ort unserer Rettung, wenn wir Ruhe brauchen. Wir malen uns aus, wie wir unsere Habseligkeiten in einen Koffer packen und einfach dorthin verschwinden, wo das Wasser unsere Fußzehen kitzelt. Egal, ob es einen kurzen Spaziergang oder eine Flugreise entfernt ist – das Wasser wartet immer auf uns. Es wartet darauf, in uns einen Zustand von Gelassenheit auszulösen, uns eine Pause zu schenken. Aber was wäre, wenn wir das Wasser auch als einen Ort ansehen, an dem wir heilen könnten und an dem wir all das, was sich in uns zerbrochen anfühlt, reparieren könnten? Und was wäre, wenn wir das tun könnten, während wir trauern?

Wenn wir über die Grenze des Meeres, des Ozeans, eines Sees oder Flusses hinwegblicken, erscheint uns der Horizont ungreifbar und so weit weg, dass wir ihn nicht fassen können. Diejenigen, die trauern, so wie du, kennen dieses Gefühl zu gut. Auch die Trauer ist grenzenlos. Es gibt kein Verfallsdatum für Trauer. Und es gibt auch keine Grenze für die vielen Formen der Trauer. Mit dem Wasser zu kommunizieren kann ein Mittel sein, deinem Körper das zu geben, was er braucht. Nutze also die Kraft des Wassers und suche es auf. Es ist egal, ob das Wasser deiner Wahl ein ruhiger See, ein sausender Bach oder ein tosender Fluss ist. Es ist sogar egal, ob es ein Pool ist, wo dir der Geruch von Chlor in der Nase kitzelt und die glatten Fliesen über deine Fußsohlen reiben. Wasser ist Wasser. Jedes Wasser hat die Fähigkeit zu heilen und bietet dir einen Ort für diese Heilung.

Was hier zählt ist Intention. Ins Wasser einzutauchen mit dem Vorsatz, dich zu reinigen und all das zu würdigen, was deine Trauer und dein Verlust dir gestohlen haben – eine Art Zuflucht in deinem Schmerz zu finden, die dich davon abhält, mit Haut und Haaren von ihm verschluckt zu werden –, das macht es effektiv. Fahre ans Wasser. Atme tief ein, bevor du untertauchst. Sieh es als Chance, den Verlust, an dem du dich festhältst, loszulassen. Lass deine Wut raus. Lass die Anspannung, die Angst, die Reue, den Groll los. Lass alles los wie eine Welle, die über deinen Körper losbricht und so ein gewaltiges Gewicht löst.

Denn in diesem Moment, in dem das Wasser über deinen Körper spült und jeden Teil von dir berührt, lässt es etwas Neues entstehen. Das Wasser hinterlässt seine zärtliche Berührung und schafft einen Weg für alles, was als Nächstes kommt – für deine Verwandlung von einem Zustand der Trauer zu einem Zustand der Heilung. Verlust ist ein plötzlicher Schrecken. Und er zeigt sich uns in Form von Trauer. Aber Wasser? Wasser ist Trost. Wasser kann der Schlüssel sein, damit du dich wieder ganz und menschlich fühlen kannst, ohne Schrammen und Wunden. Also lass es zu. Lass das Wasser genau das für dich sein. Und erlaube dir selbst die Entschlossenheit, das Wasser etwas mit dir machen zu lassen. Lass das Wasser das sein, was es schon immer war – der Beginn von Veränderung und Heilung.

KONZENTRIERE DICH AUF DEINE KÖRPERHYGIENE

Dass jemand depressiv ist, zeigt sich oft in der Vernachlässigung der Körperpflege. Das kann bedeuten, dass die Person einen unangenehmen Körpergeruch, ungepflegte Haare oder schmutzige Kleidung hat und dass sie generell keinen Wert mehr auf ihr Aussehen zu legen scheint. Das gleiche kann auf diejenigen zutreffen, die von ihrem Schmerz und ihrer Trauer überwältigt sind – und das vor allem in der ersten Zeit. Körperpflege, so einfach sie auch erscheint, kann in den Hintergrund rücken, während wir trauern. Den eigenen Körper zu pflegen ist eigentlich einfach, und doch verliert es im Chaos nach einem Verlust oft an Bedeutung.

Wenn deine Energie völlig erschöpft ist und du gerade erst am Anfang einer möglicherweise sehr langen Trauerreise stehst, solltest du dich auf die Grundlagen stützen. Achte darauf, dich jeden Tag um deine eigene Hygiene zu kümmern. Neben Selbstfürsorge ist das auch eine Form von Disziplin und etwas, was du jeden Tag für dich selbst tun kannst. Wenn es dir hilft, schreibe eine Checkliste mit all den üblichen Körperpflege-Ritualen, die du normalerweise durchführst, auf einen Zettel oder tippe sie in dein Handy. Wenn du sie per Hand aufschreibst, hänge das Blatt Papier an einen Ort, an dem du es gut sehen kannst und an dem du oft vorbeikommst, zum Beispiel an deinen Badezimmerspiegel, an eine Wand in deinem Schlafzimmer oder an den Kühlschrank. Wenn du diese sichtbaren Erinnerungen oft im Blick hast, kann dir das dabei helfen, disziplinierter zu sein.

Verfasse diese Checkliste jetzt gleich und füge einfach alles hinzu – von Rasieren über Hautpflege zu Zähneputzen und Haare bürsten. Das Leben ist gerade sehr schwer. Und es wird auch noch eine ganze Weile schwer bleiben, während die enorme Tragweite deines Verlusts sich nach und nach in verschiedenen Ecken und Bereichen deines Lebens zeigt. Wenn du dich auf deine Körperhygiene fokussierst, behältst du die Kontrolle über eins der wenigen Dinge, die du wirklich steuern kannst, und kümmerst dich so gleichzeitig um dich selbst.

BADE, UM ZU HEILEN

Natürlich sind Baden und Duschen ein wichtiger Bestandteil der alltäglichen Körperpflege. Aber hast du einmal versucht, diesen oft langweiligen Reinigungsprozess als Ritual zu gestalten, auf das du dich freuen kannst, wenn du Ruhe und Trost brauchst? Trauer braucht nämlich Zärtlichkeit und heilende Bäder sind eine Möglichkeit, sie dir selbst zu schenken.

Was ein heilendes Bad von einem gewöhnlichen Bad unterscheidet, sind die Zeit und die Hingabe, die du ihm widmest. Überlege dir zunächst, welcher Zeitpunkt am Tag für dich ideal wäre, um zu entspannen und eine Auszeit vom Leben dort draußen und von deiner Trauer zu nehmen. Es ist wichtig, dass du dir ganz bewusst genügend Zeit für dieses Ritual einplanst. Und dann kann es auch schon losgehen mit Blubberblasen und Badeschaum! Du musst dich nur noch zwischen einer prickelnden Badebombe und einem verwöhnenden Ölbad entscheiden.

Außerdem kannst du dir ein paar leckere Snacks bereitstellen, dir eine Tasse Tee oder ein anderes Lieblingsgetränk einschenken und ein wenig Musik laufen lassen. Erstelle einfach eine Playlist mit beruhigenden und entspannenden Melodien. Wenn du gerne liest, kannst du in eine Badewannenablage mit Buchstütze investieren. Auch Kerzen tragen zu einer gemütlichen Atmosphäre bei und ein Badewannenkissen kann dir beim Entspannen helfen. All diese Dinge können Balsam für deine Seele sein, während du trauerst.

FINDE RUHE IN DER BEWEGUNG

Es klingt vielleicht ein wenig paradox, aber umso mehr Bewegung du in dein Leben integrierst, umso mehr Ruhe wirst du finden. Aber wie ist es möglich, dich auf deine innere Ruhe zu konzentrieren, während du deinen Körper bewegst und im Takt des Alltags schwingst? Ganz einfach: Intention.

Egal, ob Tanzen, Yoga, Pilates oder Joggen – was auch immer dir dabei hilft, dich bewusst auf deinen Atem zu konzentrieren, ist ein wunderbarer Ausgangspunkt, um diese Übung zu beginnen. Konzentriere dich darauf, durch die Nase ein- und durch den Mund wieder auszuatmen. Dieses bewusste Atmen wird dir dabei helfen, dich im gegenwärtigen Augenblick zu erden und den Schmerz deines Verlusts und die ungewisse Zukunft, die auf dich wartet und die sich für immer verändert hat, loszulassen. Während du atmest und dein Körper sich in seinem eigenen Takt bewegt, kann alles von dir abfallen. Durch die ständige Wiederholung von Atmen und Bewegen entsteht ein natürlicher Rhythmus, durch den wiederrum Ruhe entstehen kann.

Das Ausmaß eines Verlusts kann gewaltig sein. Ein Weg, diese Last zu ertragen, ist der Versuch, den Schmerz deines Verlusts den Menschen zu erklären, die dir in dieser Zeit eine Stütze sind. Du möchtest, dass die Menschen, die dir nahestehen, »es kapieren«, dass sie verstehen, was du durchmachst und welche komplexen Gefühle und Probleme du gerade verarbeiten musst. Allerdings kann es kräftezehrend sein, anderen dabei zu helfen, deine Situation zu verstehen. Es kostet dich emotionale Energiereserven, die sowieso schon knapp sind.

Deshalb kann Ruhe, die durch Bewegung und bewusstes Atmen entsteht, so wirksam sein. Während du dich bewegst und atmest, erschaffst du einen Raum nur für dich selbst; einen Raum, zu dem niemand sonst Zutritt hat und in dem nur du dich aufhalten darfst. Hier musst du nichts erklären oder deine Trauer rechtfertigen. Du kannst Frieden mit deiner eigenen Erfahrung schließen. Während du trauerst, ist dieser wertfreie und geschützte Raum lebensnotwendig.

TESTE ALTERNATIVE HEILUNGSMETHODEN

Heilung kann sicherlich eine ganze Weile dauern – für manche ist es sogar eine lebenslange Reise. Wenn es um Trauer und Verlust geht, ist der springende Punkt der Heilung das Loslassen. Du musst alles loslassen, was dich nach unten zieht oder dir das Gefühl gibt, nicht weiterzukommen. Und genauso, wie es keinen festen Zeitplan gibt, um zu heilen, gibt es auch keine bestimmte Art und Weise, wie diese Heilung abzulaufen hat. Als Teil deiner Trauerreise solltest du auch alternative therapeutische Ansätze in Erwägung ziehen, um eine neue Sichtweise auf dein physisches und mentales Wohnbefinden zu gewinnen.

Die chinesische Medizin kann uns viel lehren, während wir trauern. So ist es zum Beispiel der Schlaf, der zuerst gestört wird, während wir einen Verlust verarbeiten. Die chinesische Medizin versucht aus unserem gestörten Schlafrhythmus eine Erkenntnis zu gewinnen. Sie teilt unseren 24-Stunden-Zyklus in Zwei-Stunden-Segmente ein. Deine innere Uhr deutet darauf hin, dass es vermutlich kein Zufall ist, wenn du jede Nacht zur selben Uhrzeit wach wirst oder einen bestimmten Schlafrhythmus entwickelst.

Jedes dieser Zwei-Stunden-Fenster steht für einen Teil deines Körpers, zum Beispiel für Dickdarm und Dünndarm, Gallenblase, Leber, Herz, Magen, Milz oder Lunge. Die Zeitfenster entsprechen außerdem den Naturelementen Erde, Metall, Holz, Feuer und Wasser. Jedes Körperteil und sein entsprechendes Element versuchen dir etwas über deinen Körper mitzuteilen. Wenn du beispielsweise immer wieder zwischen 4 und 5 Uhr morgens wach wirst, teilt dir vermutlich deine Lunge, die für das Element Metall steht, mit, dass du Probleme hast, deine Trauer loszulassen.

Eine Möglichkeit, den gestörten Rhythmus deiner inneren Uhr zu reparieren, ist es, die Leitbahnen in deinem Körper wieder in ein Gleichgewicht zu bringen, denn durch sie fließt deine Lebensenergie, auch als Qi bekannt. Akupunktur ist eine gute Methode, um deine energetische Balance wiederherzustellen. Entgegen der weitverbreiteten Meinung geht es bei Akupunktur nicht einfach darum, deinen Körper mit Nadeln zu stechen.

In einer Akupunktursitzung stimuliert ein ausgebildeter Therapeut bestimmte Spannungspunkte an deinem Körper. Diese Spannungspunkte sollen sowohl ein emotionales als auch physisches Ungleichgewicht lösen, von Verspannungen befreien und einen besseren Fluss deiner Lebensenergie Qi anregen. Diese Erfahrung soll im besten Fall ein Gefühl von Leichtigkeit und Unbeschwertheit auslösen.

Das Schröpfen ist eine weitere alternative Heilungsmethode, die vor allem in Asien, aber auch in Osteuropa, in Nahost und Lateinamerika angewandt wird. Auch sie kann für Trauernde hilfreich sein. Das Ziel des Schröpfens ist es, den Blutkreislauf und die Durchblutung in den Körperbereichen anzuregen, die der Patientin oder dem Patienten Probleme bereiten. So sollen auch die eigenen Selbstheilungskräfte aktiviert werden. Es gibt unzählige Wege, um zu heilen. Gib auch alternativen Heilungsmethoden eine Chance, dich auf deiner Trauerreise zu unterstützen und dir die sanfte Zuwendung zu schenken, die dein Körper sich wünscht und braucht.

TANZ DRAUFLOS

Erinnere dich mal an dein letztes Konzert: Du warst von anderen Konzert-
gängern umringt und gemeinsam habt ihr bei euren Lieblingssongs mit-
gesungen. Während die Erinnerungen zurückkommen und die Musik in
deinem Kopf spielt, wirst du gedanklich zu dieser Zeit und diesem Ort zu-
rücktransportiert. Vielleicht half dir einer dieser Songs durch eine schwierige Zeit und die dazugehörigen Emotionen kommen mit ihm zurück –
Glück, Traurigkeit, Erleichterung, das Gefühl, verstanden zu werden. Musik
kann Balsam für die Seele sein.

In Zeiten des Verlusts kann die Kraft von Musik dabei helfen, uns mit
unserem Körper zu verbinden, Lethargie abzuwerfen und unsere Stimmung
an schweren und dunklen Tagen zu erhellen. Lege eine Tanzpause ein, um
dich vorwärtszubewegen:

1. Beginne mit einem fröhlichen Song und überlege dir, wie lange deine
   Tanzpause dauern soll – zwischen drei und sieben Minuten ist eine
   gute Zeitangabe. Ungerade Zeiträume sind am besten, denn die meisten Songs fallen in diese Zeitspanne.

2. Tanz los! Bewege dich so, wie es sich richtig anfühlt. Schüttle Ängste
   und Frust einfach von dir ab. Sei ganz da und fühle die Musik, während du dich bewegst.

3. Schreie, lache oder weine, wenn es dir guttut. Diese Erfahrung gehört
   nur dir allein.

4. Wenn du fertig bist, mache eine Pause und hole Luft. Dein Herz rast
   und vielleicht keuchst du auch ein bisschen. Aber für einen kurzen
   Moment warst du ganz da, du warst abgelenkt und in einer ganz anderen Welt. Für einen Moment hatte dich deine Trauer nicht fest im
   Griff.

Finde Heilung in der Kraft der Musik.

ZIEH DICH AN UND SEI DU SELBST

Vielleicht ist es lange her, seit du dich in deiner eigenen Haut wohlgefühlt hast. Möglicherweise sind deine Haare während deiner Trauer gewachsen und du hast sie nicht mehr regelmäßig schneiden lassen. Statt dich um deine Kleidung zu kümmern, hast du vermutlich immer die gemütlichste Variante gewählt – Jogginghosen, Leggins oder Schlafanzughosen und dazu irgendein T-Shirt, das gerade nicht schmutzig ist. Vielleicht wünschst du dir, dass es dir nicht so egal wäre und du dich schon längst besser um dein Aussehen gekümmert hättest. Denn dann wäre das eine Sache weniger auf deiner endlosen Liste von Dingen in deinem Leben, die sich verändert haben.

Ja, Trauer hat dich verändert. Deine Energie ist schwach und begrenzt. An die Dinge, auf die du dich früher so gefreut hast, verschwendest du keinen Gedanken mehr. Und Verlust? Verlust ist ein Monster, das dich mit voller Geschwindigkeit auf einen Abgrund zurasen lässt und dich ständig daran erinnert, dass nichts mehr von Dauer ist. Du hast Angst davor, Hoffnung zu haben, präsent zu sein, etwas zu fühlen. Ignoriere all diese Dinge mal kurz. Auch wenn es dich alle Energie kostet, die du hast: Reise für einen kurzen Moment zurück in die Vergangenheit und werde wieder zu deinem authentischen, vergangenen Ich. Grabe in deinem Kleiderschank dein altes Lieblingsoutfit heraus und zieh es an – das Outfit, in dem du dich stark und selbstbewusst fühlst, so als hättest du das Sagen. Auch wenn es sich albern und sinnlos anfühlt, zieh es an. Kümmere dich auch um deine Haare und dein Gesicht. Nimm dir die Zeit für dein Hautpflegeritual.

Und jetzt geh raus und irgendwohin. Lauf zu einem Café in der Nähe oder zu einem Restaurant, in dem es dein Lieblingsessen gibt. Lass dich selbst die Person sein, die du einmal warst. Nur für einen Augenblick.

LASS DIR DEINE ERHOLUNG HEILIG SEIN

Wenn unser Leben im Aufruhr ist, wenn wir uns inmitten von Veränderungen befinden, dann ist unsere Erholung oft das Erste, was wir vernachlässigen. Wenn wir uns unruhig fühlen, während wir einen Verlust betrauern (und uns oft gleichzeitig verängstigt fühlen), wird auch unser Schlafrhythmus gestört. Wir schlafen dann weniger oder wachen ständig für ein paar Stunden auf, anstatt entspannt durchzuschlafen.

Ein Verlust fordert von dir, dass du dir bewusst Pausen nimmst, um dich um dich selbst zu kümmern, und das bedeutet, dass du deine Erholung zu einer Priorität machen musst. Dein Gehirn ist aufgewühlt. Es versucht verzweifelt, deinen Verlust und seine Bedeutung zu verstehen. Dadurch fühlst du dich müder als sonst.

Man muss mit den eigenen Mitmenschen nachsichtig sein, also mit Familie, Freunden, Partnern, Kollegen und Nachbarn, die alle ihr Bestes geben, uns zu trösten, aber möglicherweise auch mal ins Straucheln kommen oder das Falsche sagen. Wenn du dich nicht ausgeruht fühlst, wird es dir schwerfallen, mit denjenigen, die dich unterstützen, nachsichtig zu sein. Du brauchst Erholung – mehr Erholung als zuvor –, um dich okay zu fühlen. Die Trauer fordert es ein. Lass dir deine Erholung also heilig sein.

Beginne ganz langsam und bleibe jeden Tag für zehn zusätzliche Minuten im Bett liegen mit dem Vorsatz, diese Zeit auf bis zu eine Stunde auszudehnen. Mache dir bewusst, was du betrauerst, während du im Bett liegst, und spanne jeden Muskel deines Körpers mit dem Gefühl deiner Trauer an. Löse diese Anspannung wieder, indem du lange ausatmest, und stell dir dabei vor, wie du das loslässt, was du verloren hast. Spüre nach, wie entspannt du dich anschließend fühlst. Wiederhole die Übung so oft wie nötig, und zwar egal, ob vor dem Schlafengehen oder nach dem Aufwachen.

ENTWICKLE EINE ERHOLSAME SCHLAFROUTINE

Wie sehr deine Normalität durch deine Trauer gestört wurde, kann sich oft an deinem Schlaf zeigen. In den ersten Tagen der Trauer stehen die meisten Trauernden einer endlosen Reihe schlafloser Nächte gegenüber. Das kann auch bei dir der Fall sein: Vielleicht stehst du früher auf als üblich und kannst nicht mehr gut einschlafen, oder du schläfst nur ab und an für ein paar Stunden.

Guter Schlaf ist etwas, was auf den ersten Blick verlockend einfach erscheint. Es ist ja nur Schlaf, etwas, das wir alle brauchen und bei dem wir nur die Augen schließen müssen. Doch wieso ist es dann so schwer erreichbar, besonders wenn wir trauern? Wenn wir trauern, ist unser Körper erschöpft, und obwohl wir Erholung wollen und brauchen, ist es gar nicht einfach, sie zu finden. Grübeln, den Verlust verarbeiten und sich fragen, was die Zukunft bringt – all diese Dinge können deinen Verstand und deinen Körper unruhig werden lassen.

Wenn so viele andere Teile deines Lebens weiterhin unsicher und chaotisch sind, musst du besonders darauf achten, wieder ein wenig Erholung in dein Leben zu bringen. Trinke zum Beispiel eine Tasse Kräutertee vor dem Schlafengehen, um etwas zur Ruhe zu kommen. Spritze ein paar Tropfen ätherisches Lavendelöl auf dein Kopfkissen oder tupfe sie auf deine Fußsohlen. Stelle sicher, dass dein Schlafzimmer ausreichend dunkel ist oder trage eine Schlafmaske. Etabliere eine Schlafenszeit-Routine, an die du dich jeden Abend hältst. Dabei solltest du auch sämtliche Bildschirme mindestens 30 Minuten vor deiner Schlafenszeit ausschalten. Auch Melatonin-Tabletten oder -Sprays können helfen, aber sei vorsichtig, dass du dich nicht zu sehr auf sie oder andere Schlafmittel verlässt. Verwende sie nur in Absprache mit deinem Arzt oder deiner Ärztin.

Auch Nickerchen können dir dabei helfen, dir die Erholung zurückzuholen, die du nachts verlierst. Sie helfen dir außerdem dabei, dich motiviert und körperlich erholt zu fühlen statt müde und erschöpft. Die Spanier wissen schon lange, wie erholsam ein kurzer Mittagsschlaf sein kann. Spanische Geschäfte und Unternehmen schließen jeden Nachmittag für einige Stunden. Diese »siesta« kannst du auch in dein Leben integrieren. Sie erinnert dich jeden Tag daran, eine kleine Pause einzulegen, damit du für den Rest des Tages mehr Energie hast – ganz egal, ob der Rest deines Tages mit Arbeit, Essen kochen, Putzen, Kinderbetreuung oder der Pflege von Angehörigen gefüllt ist.

Auch wenn die Siesta heute in den großen Städten wie Madrid, Barcelona, Valencia oder Bilbao oft nicht mehr ausgeübt wird, so bleibt sie doch ein fester Bestandteil der spanischen Kultur.

Es gibt keinen besseren Zeitpunkt, um ein kleines Nickerchen am Morgen, Nachmittag oder sogar nachts einzuplanen, als in Zeiten, in denen du trauerst und einen Verlust verarbeiten musst. Überleg dir, zu welchem Zeitpunkt am Tag du die größten Schwierigkeiten hast, wach zu bleiben. Organisiere deinen Tagesablauf wenn möglich so, dass du Zeit hast, um nach Herzenslust zu schlummern. Diese Gewohnheit wird dein Verhältnis zum Schlaf und somit auch zu deiner Trauer verändern, denn schließlich ist fehlende Erholung dafür bekannt, die Konzentration von Kortisol (dem Stresshormon) zu erhöhen und somit deine mentalen Fähigkeiten zu stören.

EHRE DEINEN VERLUST
MIT EINEM SELBST GEKOCHTEN ESSEN

Wir müssen essen. Und Essen ist auch Nahrung für die Seele. So wie Erholung ist auch Essen etwas, das schnell vernachlässigt wird, wenn wir nach einem Verlust der Unsicherheit unseres neuen Lebens gegenüberstehen. Manche finden es schwer, jeden Tag genug Nahrung zu sich zu nehmen. Essen und Mahlzeiten werden zu einem flüchtigen Gedanken. Andere gönnen sich mehr Essen als üblich, um sich zu trösten. Beides ist ein ganz normales Verhalten für Trauernde. Vielleicht schwankst du auch zwischen den beiden Extremen hin und her.

Stell das Konzept von Essen und Nahrung mal auf den Kopf und koche bewusst etwas, um deinen Verlust zu ehren. Entscheide dich für eine Uhrzeit, egal ob am Morgen, am Nachmittag oder abends. Wähle ein Essen aus – zum Beispiel ein aufwendiges Gericht, für das du ein Rezept brauchst, oder eine simple Mahlzeit, die du auswendig kochen kannst. Sammle deine Zutaten und überlege dir deine Intention. Vielleicht möchtest du das Lieblingsessen der Person kochen, die du verloren hast. Oder du vermisst deine alte Nachbarschaft schmerzlich, in der noch alle deine Freunde leben. Dann kann es für dich besonders bedeutungsvoll sein, ein Essen zu machen, das ihr gerne gemeinsam gekocht oder in eurem Lieblingsrestaurant gegessen habt.

Schnippeln, Schneiden, Würfeln, Rühren, Anbraten, Aufkochen lassen und vieles andere sind von Natur aus meditative Tätigkeiten. Mit dieser Übung wird etwas so Normales wie das Zubereiten einer Mahlzeit zu etwas Heilsamem, denn es verbindet dich mit dem, was du verloren hast und was dir immer noch viel bedeutet.

Self-Care-Tipp

Du brauchst neue Inspiration beim Kochen? Dann schau unbedingt mal auf Pinterest vorbei. Dort findest du zahlreiche Rezeptideen. Außerdem gibt es spezielle Websites mit Rezeptfindern, auf denen du die Zutaten eingeben kannst, die du bereits zu Hause hast.

PFLEGE DEINE HÄNDE

Die meisten von uns vernachlässigen unsere Hände. Wir vertrauen unseren Händen so viel an und doch kümmern wir uns oft kaum um sie. Wir cremen sie nicht regelmäßig ein, wir tragen keine Handschuhe, wenn wir raue oder gefährliche Materialien berühren, und wir nehmen achtlos etwas Heißes aus dem Ofen. Unsere Hände haben etwas Besseres verdient. Und das ganz besonders in Zeiten der Trauer. Du wirst vielleicht feststellen, dass deine Hände, so wie auch andere Körperteile, schmerzen, während du trauerst. In schwierigen Zeiten gibt es aber keine Ablenkung von den Schmerzen, oder zumindest wenig. Möglicherweise hast du früher kaum bemerkt, dass deine Hände spannen und knacken, während du endlos an deinem Computer tippst oder dein Smartphone in der Hand hältst.

Mach eine Pause, um dich um deine Hände zu kümmern. Gewöhne dir an, sie morgens nach dem Aufstehen und abends vor dem Schlafengehen zu dehnen. Du kannst außerdem versuchen, sie auszuschütteln. Schüttle die Anspannung für 30 Sekunden einfach von ihnen ab. Lass deine Hände atmen und lass alles los, was sich in ihnen angestaut hat.

Du hältst deine ganze Welt in deinen Händen. Wenn du sie vernachlässigst, vernachlässigst du ein wichtiges Gefäß, das den Rest deines Körpers leitet. Kümmere dich um deine Hände, damit sie sich wiederum so um dich kümmern können, wie du es brauchst.

Self-Care-Tipp
Deine Hände fühlen sich abends schmerzhaft oder gereizt an? Dann investiere in eine Handgelenkbandage, die du auch nachts tragen kannst. Möglicherweise ist eine verstellbare Bandage mit Klettverschluss für dich die beste Wahl.

STARTE EIN KREATIVES PROJEKT

Unsere Hände sind der Zündschlüssel für den Rest unseres Körpers. Sie halten buchstäblich unsere Welt und helfen uns bei den einfachsten Aufgaben – und bei den wichtigsten. Wenn wir uns um unsere Hände kümmern, dann kümmern wir uns auch um uns selbst und um unseren Körper, der schließlich unser Tempel ist. Während wir trauern, können unsere Hände aber auch ein Werkzeug sein, um in der Leere eines Verlustes etwas Neues zu erschaffen.

Kreative Projekte sind hier eine tolle Möglichkeit. Indem du deine Hände benutzt, kannst du dich deiner Kreativität und der Ruhe hingeben, die du bei vielen Bastelprojekten benötigst. Im Bereich des Kunsthandwerks gibt es zahlreiche Möglichkeiten – Nähen, Stricken, Malen, Scrapbooking, Siebdruck, das Arbeiten mit Ton oder sogar das Herstellen von Gummistempeln. Wenn du dir ein Projekt aussuchst, kannst du dich für etwas Greifbares entscheiden wie ein selbst gemaltes Bild, einen Schal, eine Decke oder ein Erinnerungsalbum. Oder du kannst dich dafür entscheiden, etwas Neues zu lernen. Das kann alles Mögliche sein, zum Beispiel das Erlernen neuer Methoden, um einen Schal zu stricken, oder das Ausprobieren neuer Maltechniken, um einen bestimmten Effekt zu erzielen, der dir gefällt.

Kreative Projekt können dir etwas Abwechslung bieten oder du kannst sie nutzen, um kleine Geschenke für deine Lieben herzustellen, die dich während dieser emotional aufreibenden Zeit unterstützt haben. Kaufe deine Materialien im Bastelladen um die Ecke oder online. Informiere dich ausführlich und besorge alles, was du brauchst.

Du traust dich noch nicht, deine Bastelprojekte in einer Gruppe anderer Menschen umzusetzen? Dann gibt es für dich die Option, an Online-Kursen teilzunehmen oder dir digitale Anleitungen anschauen. Es gibt mittlerweile viele Anbieter, die Kurse zu diversen Themen von Fotografie bis zu Kreativem Schreiben anbieten. Auch Volkshochschulen bieten mittlerweile viele Kurse online an. Bei einigen Anbietern kannst du auch eine unverbindliche Testphase ausprobieren.

Stell dir dein Bastelprojekt als Ritual des Erinnerns vor, und zwar egal, ob du einen Schal strickst, der dich im Winter warm halten soll, oder eine Decke, die dich an deine Trauerreise erinnern soll.

Du hast hier die Möglichkeit, dich darauf zu konzentrieren, etwas zu erschaffen und deiner Fantasie und Leidenschaft auf wunderbare Weise freien Lauf zu lassen. Es ist eine bewusste Tätigkeit, die dazu dienen soll, etwas Neues zu erschaffen, während du den Verlust von etwas Vergangenem betrauerst. Es ist eine Beschäftigung, um mit deinem Verlust und der Bedeutung, die etwas einst für dich hatte, umzugehen.

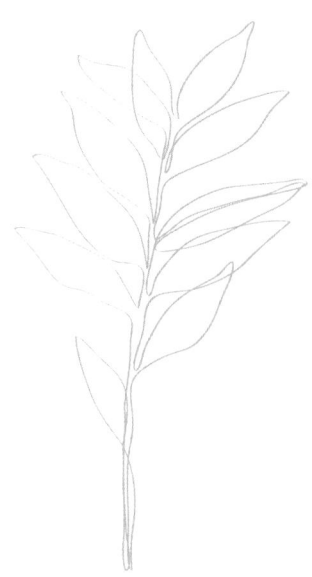

FINDE TROST IN BERÜHRUNGEN

Wenn du trauerst, wenn dein Verlust deine Welt und deinen Alltag grundlegend verändert hat, wirst du dich vermutlich manchmal allein fühlen. Selbst diejenigen, die viel Unterstützung in ihrer Trauer erfahren, fühlen sich manchmal einsam. Das liegt in der Natur der Sache: Wir sehnen uns danach, uns mit anderen zu verbinden, und doch kann niemand genau verstehen, wie schmerzhaft diese Erfahrung, vor allem körperlich, tatsächlich für uns ist.

Im Allgemeinen ist die westliche Gesellschaft viel isolierter, als sie es einmal war. Die technischen Möglichkeiten ersetzen viele Aktivitäten und Dinge, an denen wir in der Vergangenheit persönlich teilgenommen haben. Der körperliche Kontakt, den wir zu anderen Menschen haben, wird dabei weniger und weniger.

Studien haben gezeigt, dass die Berührung von unseren Lieben die Ausschüttung von Serotonin erhöhen und somit unsere Stimmung steigern kann. Diese Berührungen schließen alles ein – von Umarmungen und Küsschen von unserer Familie und unseren Freunden bis hin zur physischen Intimität mit unserem Partner oder unserer Partnerin.

Frag dich selbst, ob du dich nach Berührung sehnst. Ist es schon lange her, dass du umarmt oder geküsst wurdest? Träumst du davon, von jemandem gehalten zu werden, der sich um dich kümmert und in diesen schwierigen Zeiten für dich da ist? Wenn Berührung auf deiner Liste von Dingen steht, die du gerade brauchst, dann bitte ganz bewusst darum. Frag einen Menschen, bei dem du dich wohlfühlst, ob er dir eine Umarmung schenken oder dich festhalten kann. Lasse sie oder ihn wissen, dass du körperlichen Trost brauchst, während du trauerst.

Für diejenigen, die weit weg von ihren Lieben wohnen, kann es eine Alternative sein, eine Gewichtsdecke zu verwenden oder ein Kissen fest an sich zu drücken, um eine Umarmung zu imitieren. Dich selbst zu streicheln und deine Hände schützend über dein Herz zu legen sind weitere Möglichkeiten, um dir Selbstliebe und Trost zu schenken. Berührungen können glücklich machen. Finde Wege, um in dieser schwierigen Zeit möglichst viel Trost zu erfahren.

TANKE VITAMIN D

Das Wunder eines hellen, sonnigen und wolkenlosen Tages ist unschlagbar. Es fühlt sich herrlich an, ein Picknick auf einem Hügel im Park zu machen, einen gemütlichen Spaziergang zu unternehmen oder einfach nur die frische Luft einzuatmen, während die Sonne an deiner Nasenspitze kitzelt. Und diese Dinge tun uns auch körperlich gut.

Sonnenlicht zu tanken ist auch für Trauernde wichtig. Mithilfe von UV-B-Strahlen kann unser Körper Vitamin D herstellen, was unsere Stimmung aufhellt, Energie schenkt, zu besserer Erholung beiträgt und unser allgemeines Wohlbefinden stärkt. Stell dir ein Haus oder einen Raum ohne genügend Tageslicht vor: Wenn du hier zu viel Zeit verbringst, kannst du dabei zuschauen, wie deine Energie, deine Stimmung und deine Motivation steil bergab fallen. Wir brauchen Sonnenlicht. Die folgende Liste bietet dir ein paar Tipps, wie du mehr Vitamin D bekommst:

1. Plane täglich Zeit im Tageslicht ein. Wenn die Sonne scheint, stelle dir einen Wecker für fünf Minuten und sitze in dieser Zeit draußen. Atme tief ein und schließ die Augen. Fühle, wie die Sonne deine Haut wärmt. Visualisiere dabei, wie du dir den Rest des Tages vorstellst.

2. Trage jeden Tag Sonnencreme auf, auch wenn du die meiste Zeit drinnen verbringst. Schon bei einem kurzen Aufenthalt von zehn oder fünfzehn Minuten draußen solltest du dich eincremen. Denk daran, eine Sonnencreme zu nutzen, die speziell für das Gesicht ausgelegt ist, sonst könntest du unreine Haut bekommen. Auch drinnen kannst du der Sonne ausgesetzt sein, wenn du direkt im Sonnenlicht sitzt und es in deinem Zuhause viele sonnige Plätzchen gibt.

3. Verbringe draußen Zeit, um deine Vitamin-D-Reserven aufzutanken. Finde Freude daran, mehr Zeit im Sonnenlicht zu verbringen, und genieße die vielen Vorzüge, die du daraus mitnehmen kannst. Aber sei vorsichtig und übertreibe es nicht – schmerzhafte Sonnenbrände und anschließend pellende Haut sind nicht nur unangenehm, sondern auch gefährlich.

Die Magie der Sonne ist heilend. Sie ist ein natürlicher Stimmungsaufheller und eine wunderbare Stütze, wenn man einen Verlust und Trauer verarbeitet.

BEHALTE DEIN HERZ UND DEINEN BAUCH IM BLICK

Wir spüren die Schwere der Trauer in unserem Körper und wir tragen sie so mit uns durch die Welt. Deshalb spielt körperliche Selbstfürsorge in Zeiten der Trauer eine entscheidende Rolle. Wenn wir uns aufopferungsvoll und zärtlich um unseren Körper kümmern, kann uns das dabei helfen, unsere Welt neu aufzubauen.

Der Stress und die Belastung von Trauer und Verlust können unserem Körper auf unterschiedliche Weise schwer zusetzen. Das dürfen wir nicht übersehen, denn es geht auch um Herz- und Verdauungsprobleme. Eine hohe Konzentration von Cortisol, dem Stresshormon, kann dazu führen, dass unser Verdauungssystem rebelliert, während wir uns an unseren Verlust erst gewöhnen müssen. Als Reaktion auf deine Trauer haben sich vielleicht auch deine Essgewohnheiten geändert und du isst mehr oder weniger, als du es normalerweise gewohnt bist. Beides kann die Effizienz deines Verdauungssystems beeinflussen und zu chronischen Magenproblemen oder generellem Unwohlsein führen.

Auch unser Herz ist ein Organ, um das wir uns kümmern müssen, wenn wir einem Verlust gegenüberstehen. Trauer kann nämlich die Gesundheit unseres Herz-Kreislauf-Systems negativ beeinflussen. Studien haben tatsächlich rausgefunden, dass Trauer die Zellen des Herzmuskels verändert und Auswirkungen auf die Herzgefäße hat. Das kann dazu führen, dass sich die linke Herzkammer nicht mehr richtig zusammenziehen kann. Regelmäßiges Kardiotraining (wie schon in den Unterkapiteln »Setz dich in Bewegung« und »Tanz drauflos« beschrieben) kann dir dabei helfen, deine Herzgesundheit zu unterstützen. Auch deine Ernährung kannst du so anpassen, dass sie ein gesundes Herz unterstützt. Das kann bedeuten, mehr Gemüse zu essen und Dinge wie rotes Fleisch, Industriezucker und Alkohol einzuschränken.

Diese Hinweise sollen dich nicht verängstigen, sondern dazu anregen, wachsam zu sein. Dein Körper ist sensibel und teilt dir vieles mit, wenn du ihm zuhörst. Hör also immer genau hin, auch wenn du gerade mitten in deiner Trauer steckst.

NUTZE HILFSMITTEL,
UM DICH KÖRPERLICH BESSER ZU FÜHLEN

Du weißt jetzt, dass du dich besonders gut um deinen Körper kümmern musst, wenn du gerade mit deiner Trauer zu kämpfen hast. Vielleicht kannst du den Schmerz schon spüren, wenn du morgens aufwachst, und er begleitet dich den ganzen Tag. Physische Hilfsmittel können dich in deiner Selbstfürsorge unterstützen. Wenn du an Hilfsmittel denkst, stellst du dir vermutlich solide Gegenstände vor, die dir mehr Halt geben. Und um genau solche Hilfsmittel geht es im Grunde auch in dieser Übung.

Ein physisches Hilfsmittel ist beispielsweise eine Akupressurmatte. Diese Matte, die einer Yogamatte ähnelt, enthält spezielle Kunststoff-Spitzen. An manche Matten ist auch eine Art Kissen angeheftet, auf dem du deinen Kopf ausruhen kannst. So wie die Akupunktur selbst ist auch die Akupressurmatte dazu ausgelegt, bestimmte Druckpunkte und Leitbahnen im Körper zu stimulieren, was ganz unterschiedliche Vorteile bringen kann. Auch wenn dieser Nutzen noch nicht offiziell wissenschaftlich belegt ist, berichten zahlreiche Menschen bei regelmäßiger Benutzung einer Akupressurmatte von verringerten Kopf- und Rückenschmerzen, gelockerten Muskeln, besserem Schlaf und weniger Erschöpfung. Um die Akupressurmatte zu nutzen, musst du dich einfach nur für die angegebene Zeitspanne auf sie legen.

Faszienrollen sind ein weiteres Hilfsmittel, Verspannungen zu lösen. Es sind lange, zylinder-förmige Rollen, die aus Hartschaum hergestellt werden. Du verwendest sie, indem du deinen Körper langsam über sie rollst. Es kann ein bisschen Übung erfordern, um ihr ganzes Potenzial auszuschöpfen, also gib nicht gleich auf. Die Vielseitigkeit von Faszienrollen ist einmalig. Es gibt kein Körperteil, für das sie nicht geeignet sind. Besonders hilfreich sind sie an den Stellen, die besonders verspannt und schmerzhaft sind, wie die Oberschenkel, der Rücken, der Nacken und die Schultern.

Physische Hilfsmittel sind eine große Unterstützung. Sie helfen dir dabei, dir regelmäßig die Selbstfürsorge zu schenken, die dein Körper braucht und manchmal sogar auch einfordert.

PFLANZE ETWAS ALS SYMBOL FÜR DEINEN NEUANFANG

Die Erde ist die Wiege der Schöpfung. Die Natur entspringt der Erde und ihrem fruchtbaren Boden. Aus ihm blühen Blumen und Weizenfelder, und andere Feldfrüchte sind auf ihn angewiesen, um uns Jahr für Jahr eine Ernte zu schenken.

Im Zusammenhang mit Trauer und nachdem uns etwas genommen wurde, erinnert uns die Erde an Neuanfänge, die nur darauf warten, von uns wahrgenommen zu werden. Wir können immer wieder von Neuem beginnen. Wir können uns immer dafür entscheiden, etwas neu aufzubauen und gezielt etwas Neues aus frischer Erde entstehen zu lassen. Das klappt aber nur, wenn wir uns für diese neue Sichtweise öffnen.

Der Boden und die Erde sind zwei starke Metaphern für das Leben nach einem Verlust. Es gibt viel von der Natur zu lernen, trotz der Verwüstung, der sie regelmäßig ausgesetzt ist – von Naturkatastrophen bis zu menschlichem Versagen wie dem Klimawandel. Die Natur findet immer einen Weg, um weiterzumachen. Die Natur ist widerstandsfähig, veränderlich, formend und sie überlebt – auch wenn sie bedroht oder geschwächt wird.

Wenn wir uns die Natur anschauen und von ihr lernen, haben wir die Chance, uns aktiv am Kreislauf des Lebens zu beteiligen. Eine großartige Möglichkeit ist es, längere Zeit ungestört in der Natur zu verbringen. Vielleicht gehst du gerne in der Natur wandern oder gemütlich spazieren. Möglicherweise machst du aber auch lieber ein Picknick im Park oder watest durch einen Bach, einen Fluss oder ein anderes fließendes Gewässer. Sieh deine Zeit draußen als Chance, neue Energie aufzutanken, als eine Auszeit von deiner Trauerarbeit und als Möglichkeit, das Hier und Jetzt zu genießen. In diesem kostbaren Augenblick existieren keine Grübeleien über deinen Verlust und keine Schwierigkeiten, denen du dich stellen musst.

Eine weitere Option, dich mit der Natur zu verbinden, um deinen Verlust genauer zu verstehen und deine Trauer als etwas Hoffnungsvolleres anzusehen, ist es, etwas zu pflanzen, das du hegen und pflegen kannst, als Hommage an den Neuanfang, zu dem du aufbrichst.

Liebst du Blumen? Dann pflanze selbst welche an, statt sie im Supermarkt oder im Blumenladen zu kaufen. Kochst du gerne? Dann denke darüber nach, deine eigenen Kräuter anzupflanzen, die du dann für deine Rezepte verwenden kannst. Hauspflanzen können dabei helfen, eine ruhige Atmosphäre in deinem Zuhause zu schaffen. Denk also darüber nach, dir ein paar Topfpflanzen zu gönnen.

Egal, für welche Pflanze oder Aktivität in der Natur du dich entscheidest: Die Natur ist eine gute Erinnerung daran, dass immer wieder etwas Neues entstehen kann – und dass es Hoffnung für ein Leben nach einem Verlust gibt.

Self-Care-Tipp

Deine eigenen Pflanzen anzubauen und zu pflegen kann ein Lernprozess sein. Wenn Gärtnern einfach nicht dein Ding ist, kannst du an eine gemeinnützige Organisation spenden, die dann einen Baum in deinem Namen pflanzt, und kannst so unsere Welt ein kleines bisschen schöner machen.

GENIESSE ALKOHOL NUR MASSVOLL

Wenn wir traurig, überfordert, ängstlich oder gelangweilt sind oder wenn wir trauern, ist es verlockend, sich ein Glas Alkohol einzuschenken. Und dann noch eins. Und noch eins. Und noch ein weiteres. Bevor du es bemerkst, kann übermäßiger Alkoholkonsum allerdings zu einem Verhaltensmuster und einer Bewältigungsstrategie werden. Wenn du mit einem Verlust und Trauer umgehst, wird der Versuch, so deinen Schmerz zu betäuben, umso komplexer.

Ja, es wäre so viel einfacher, die Verzweiflung, Verwirrung, Ernüchterung und Wut einfach zu meiden, die du vermutlich gerade empfindest, während du in den schwarzen Abgrund starrst, der jetzt dort klafft, wo früher dein altes Leben war. Es wäre einfacher, den Schmerz zu dämpfen, der in dir pocht und sich so anfühlt, als würdest du ertrinken oder untergehen. Wir alle wissen aber, dass Alkohol dämpfend wirkt. Er trübt deine Sinne und beruhigt deine Schmerzen für eine Weile, aber was passiert danach? Am nächsten Morgen bleiben dir nur die unangenehmen Symptome eines Katers – ein pochender Kopf, ein rauer Hals und ein unstillbarer Durst. Dein Verlust ist immer noch da. Und das wird auch so bleiben, ganz egal, was du tust, um von ihm davonzulaufen.

Wenn du möchtest, dann trinke ein Glas zu einer leckeren Mahlzeit, während du einen Film anschaust oder wenn du mit deinen Lieben einen besonderen Moment teilst. Aber sei vorsichtig, wenn du das Bedürfnis hast zu trinken, um deinen Schmerz zu stillen. Denk dran, dass kein Cocktail dieser Welt deinen Schmerz auslöschen kann.

Self-Care-Tipp
Alkoholfreie Cocktails sind eine gute Alternative. Wenn du eine bunte Auswahl an Säften, Kräutern, Sirups und Eiswürfeln verwendest, schmecken sie mindestens genauso gut. Es gibt mittlerweile auch Rezeptbücher und natürlich viel Inspiration online für leckere alkoholfreie Getränke.

HOL DIR MEDIZINISCHEN RAT,
WENN SICH ETWAS NICHT RICHTIG ANFÜHLT

Wenn sich etwas nicht richtig anfühlt, dann merkst du das. Zum Beispiel, wenn all deine Bemühungen um mehr Selbstfürsorge – das Verändern deiner Gewohnheiten oder das Etablieren von neuen – einfach nicht funktionieren oder nicht dem entsprechen, was du wirklich brauchst. Wenn du an diesen Punkt gelangst und eine zweite Meinung oder einen Rat gebrauchen könntest, was deinen Körper betrifft, ruf deinen Arzt oder deine Ärztin an. Vereinbare einen Termin für einen Checkup und sprich mit ihr oder ihm über deine Sorgen.

Ein guter erster Schritt wäre eine Blutabnahme. Ein Blutbild kann alle möglichen Probleme aufdecken, die eine Ahnung oder ein ungutes Bauchgefühl nicht diagnostizieren können. Diese Tests können Probleme aufspüren, über die man sprechen und die man behandeln kann, zum Beispiel eine Anämie, zu hoher oder zu niedriger Blutdruck oder ein zu hoher Cholesterinwert.

Dein Arzt oder deine Ärztin kann dir, je nachdem, was dein Blutbild oder andere Tests ergeben, dabei helfen, deine gesundheitlichen Probleme zu lösen und dein physisches Wohlbefinden zu unterstützen. Im Zweifelsfall kann er oder sie dich auch zu spezialisierten Kollegen mit mehr Erfahrung überweisen.

Dein Körper ist ein großer Schatz. Du hast nur den einen. Arbeite mit deinem Arzt zusammen, um Lösungen zu finden, mit denen du dich wohlfühlst und die dich trösten. Trau dich, um mehr Unterstützung und Erklärungen zu bitten, wieso sich gerade etwas nicht richtig anfühlt.

SCHREI DEINE TRAUER RAUS

Trauer ist eine ganzkörperliche Erfahrung. Wenn wir verarbeiten, was unsere Verluste für uns bedeuten werden, verkeilen sich diese Gefühle – Zorn, Bestürzung, Fassungslosigkeit und Melancholie – in jeder Ecke unseres Körpers. Unser Rücken, unsere Schultern, Arme, Hände und vieles mehr tragen unsere Gefühle. Nach einer Weile wird daraus ein bleiernes Gewicht. Lass uns dieses Gewicht ablegen. Und zwar durch Schreien!

Schreien ist eine Form des Loslassens. Es ist das komplette Gegenteil davon, all deine Gefühle und alles, was deinen Körper aufwühlt, anzustauen. Stattdessen entlässt du alles wieder zurück in die Atmosphäre, wo es herkam.

Es gibt verschiedene Wege, diese therapeutische Übung anzugehen. Eine bewährte Methode ist es, in dein Kopfkissen zu schreien. Nimm dazu ein großes, flauschiges Kissen von deinem Bett oder deiner Couch. Und dann schreie einfach hinein. Schreie während dieser Übung so laut du kannst. Fokussiere dich auf all die Gefühle, die du loslassen willst, während du schreist.

Ein anderer Ansatz ist es, draußen in der Natur zu schreien. Natürlich möchtest du nicht deine Nachbarn, deine Familie oder Freunde alarmieren und deshalb ist diese Methode perfekt geeignet. Es ist eine Erfahrung nur für dich selbst und ohne Publikum. Besuche einen leeren Park oder einen Ort, der nicht von Menschen überlaufen ist. Schrei so laut du kannst. Denke auch hierbei wieder an alles, was du loslassen möchtest.

Weitere Orte und Umgebungen, an denen du schreien könntest:

- in der Stille eines Hotelbadezimmers
- auf einer Parkbank in einer abgelegenen Gegend
- auf einem Berggipfel
- auf einer wilden Blumenwiese
- in einem einsamen Tal während des Sonnenuntergangs
- auf einem Wanderweg, während die Sonne aufgeht
- in Anwesenheit eines vertrauten Profis, zum Beispiel deiner Trauertherapeutin

Lass alles raus!

DEHNE UND STRECKE DICH REGELMÄSSIG

Erinnerst du dich noch an den Sportunterricht in der Schule? Vielleicht hast auch du darauf gewartet, dich endlich in bequemere Sportklamotten schmeißen zu können. Anschließend durften du und deine Klassenkameraden Brennball spielen oder versuchen, beim Völkerball nicht von einem springenden Ball getroffen zu werden. Erinnerst du dich daran, zu was euch die Lehrerin oder der Lehrer zu Beginn jeder Sportstunde aufgefordert hat, egal was auf dem Tagesprogramm stand? Dehnen natürlich. Dehnen ist für jede Form von Bewegung wichtig.

Das Hauptziel des Dehnens ist es, unseren Körper auf die darauffolgende Sporteinheit vorzubereiten, indem wir unsere Gliedmaßen und Muskeln strecken. Das Dehnen hilft uns dabei, uns nicht beim Sport zu verletzen. Wir wärmen unsere Körper auf.

Hier bietet sich die Möglichkeit etwas Gewöhnliches in eine liebevolle, lockernde, aufmerksame und reflektierende Handlung zu verwandeln – und zwar egal, ob du danach planst, Sport zu machen, oder nicht. Beginne deinen Tag mit einer fünfminütigen Dehnübung. Löse so die Verspannungen in deinem Rücken und Nacken nach dem nächtlichen Schlafen. Atme tief in den Bauch ein, während du dich streckst, und atme dann lange und langsam wieder aus. Wenn du abends ins Bett gehst, wiederhole diese Übung. Probiere dich nach einem langen Arbeitstag am Schreibtisch oder deinem langen Arbeitsweg im Auto langsam zu strecken, um deine Verspannungen zu lösen. Du hast es dir verdient.

ERLAUBE ES DIR ZU LACHEN

Wann hast du zuletzt aus vollem Herzen gelacht? Wann musstest du zuletzt so sehr lachen, dass dir die Tränen kamen oder du Seitenstechen bekommen hast, weil du etwas so witzig fandst? Lachen ist ein wunderbarer Ausdruck von Freude und ein guter Zeitpunkt, um dich mit deinem inneren Kind und deiner Lebensfreude zu verbinden.

Aufrichtiges Lachen kann nicht nur deine Stimmung aufhellen, sondern auch die Verspannungen in deinem Körper lösen, deine Organe anregen (zum Beispiel dein Herz und deine Leber) und deinen natürlichen Stressabbau fördern. Trauer löst Stress und Verspannungen in unserem ganzen Körper aus. Es ist also wichtig, uns in dieser besonders emotionalen Zeit gut um ihn zu kümmern.

Mithilfe dieser Vorschläge kannst du mehr Lachen in dein Leben bringen, um deine Trauer etwas zu lindern:

- Schau witzige Cartoons an (besonders solche, die für Kinder gemacht sind).

- Tausche Witze mit deiner Familie und Freunden aus, um euch gegenseitig zum Lachen zu bringen.

- Plane Lachpausen ein, in denen du dich selbst für einen Moment unbekümmert lachen lässt.

- Schau eine Comedy-Serie oder einen lustigen Film an.

Lachen ist Medizin für unsere Seele. Es kann in unseren Körpern Erleichterung und Freude auslösen. Erlaube dir selbst ein wenig Erholung in deiner Zeit der Trauer, indem du dir selbst das Lachen schenkst.

HÖRE AUF DIE SIGNALE DEINES KÖRPERS

Unsere Körper sprechen mit uns, wenn wir bereit sind, ihnen zuzuhören. Wenn sie mit uns sprechen, hört sich das manchmal an wie der leise Flügelschlag eines Schmetterlings und manchmal wie das ohrenbetäubende Rauschen eines Staudamms. Wir alle haben einen Körper und wir leben jeden Tag mit ihm zusammen. Unsere Körper bringen uns buchstäblich von einem Moment zum nächsten. Und trotzdem ist es einfach, unsere Körper als etwas Gesondertes anzusehen anstelle eines untrennbaren Teiles unseres Selbst. Für manche ist diese Trennung die Folge eines Traumas. Wenn unser Körper in der Vergangenheit einer realen Gefahr ausgesetzt war, haben wir möglicherweise die Verbindung zu ihm betäubt, um zu überleben. Wenn wir uns jetzt wieder mit unserem eigenen Körper verbinden wollen, müssen wir aufmerksam und achtsam sein.

Eine Möglichkeit, eine tiefere Verbindung zu unserem Körper aufzubauen, ist das Durchführen eines Bodyscans. Bei einem Bodyscan erfasst du deinen gesamten Körper. Du achtest auf Empfindungen und Botschaften. Schließe deine Augen und gehe Körperteil für Körperteil vor. Dabei darfst du sitzen oder stehen. Wenn du einen Bodyscan durchführst, machst du bewusst eine Pause, um zu erkunden, welche Gefühle sich bei dir melden, wenn du nicht abgelenkt bist. Ein Grummeln im Bauch, ein Knacken in deinen Knien, zitternde Hände oder ein rasendes Herz: All diese Dinge können ein Anzeichen für etwas sein, das tiefer geht. Wenn du deinen Problemen auf den Grund gegangen bist, kannst du deine Erkenntnisse nutzen, um sie in aktive Selbstfürsorge zu verwandeln.

Dein Körper teilt dir auch grundlegende Dinge mit, die du im Laufe deines Tages machen musst. Ein grummelnder Bauch kann natürlich ein Hinweis sein, dass du hungrig bist. Während du trauerst, verlierst du aber möglicherweise deinen Appetit. Das Grummeln ist also eine Erinnerung für dich, eine Pause zu machen und dich selbst mit Nahrung zu versorgen. Kopfschmerzen können dir mitteilen, dass du gestresst oder dehydriert bist. Sie sind eine Erinnerung, Wasser zu trinken und eine kleine Atempause einzulegen, um zu entspannen. Wenn du den Mut hast, offen zu sein, innenzuhalten und ihnen zuzuhören, dann kann es sehr aufschlussreich sein, diese Botschaften deines Körpers zu deuten.

ENTWICKLE EINEN PLAN
ZUM SCHUTZ DEINER GESUNDHEIT

Essen ist lebensspendend. Während wir trauern, kann es sowohl zu einem Ärgernis als auch zu einer Trostquelle werden. In vielen Kulturen bringen Nachbarn, Freunde oder Bekannte den Trauernden nach einem Verlust Essen. Sobald sich die Nachricht in der Nachbarschaft, in der Gemeinschaft, der Stadt oder Familie verbreitet, taucht wie von Zauberhand Essen auf, um die Angehörigen zu trösten, während sie die Organisation für die Bestattung übernehmen. Den Trauernden werden dann selbst gemachte Aufläufe, Kuchen und vieles mehr geschenkt. So müssen sie nicht darüber nachdenken, was sie als Nächstes essen könnten.

Der Gedanke dahinter ist ehrenwert: Während jemand leidet und der Verlust mit jedem Moment für ihn realer wird, bietet man ihm Essen an. Die Last, über Essen nachzudenken oder es gar zuzubereiten, wird der trauernden Person abgenommen. Essen zu schenken ist ein Zeichen der Fürsorge. Schenke dir genau diese Fürsorge auch selbst.

Möglicherweise bekommst du gerade kaum einen Bissen herunter, weil das Unbehagen und der Stress deines Verlusts dir den Appetit genommen hat. Vielleicht genehmigst du dir aber auch zu viel ungesundes und üppiges Essen, um deinen Schmerz zu betäuben. So oder so fehlt es dir an Ausgewogenheit. Deshalb kann es dir helfen, einen Essensplan zu erstellen. Koche eine größere Menge Abendessen vor oder lege einen Vorrat an Lebensmitteln an, aus denen du problemlos eine Mahlzeit zaubern kannst. Sprich mit deinem Arzt oder deiner Ärztin, ob du Nahrungsergänzungsmittel benötigst, um deinen Mineralstoff- und Vitaminhaushalt zu unterstützen. Bemühe dich darum, mehr Wasser zu trinken. Wenn wir dehydriert sind, fühlen wir uns unruhiger und reizbarer als sonst. Wenn wir diese Gefühle dann auch noch mit Trauer vermischen, kann das katastrophale Folgen haben.

Weitere Tipps für deinen Gesundheitsplan:

- Schreib alles auf. Notiere den Namen und die Kontaktdaten deiner Ärzte und deines Trauertherapeuten. Schreib deine Termine, deine Medikamente, Nahrungsergänzungsmittel und deinen Essensplan auf. Trauer kann unser Erinnerungsvermögen durcheinanderbringen. Notiere alles an einem Ort, um nichts zu vergessen.

- Verwende einen Planer und schreib auf, was du stündlich zu tun hast: was du essen wirst, wann du deine Medikamente nimmst und wann du dich bewegen möchtest. Stelle sicher, dass alles gut in deinen Tagesablauf passt. Das Ziel ist es, aus deinen Notizen Realität werden zu lassen und nicht, dass du dich von deinen Aufgaben eingeengt oder belastet fühlst.

- Schaffe für dich selbst einfache Lösungen, die dir dabei helfen, deine guten Gewohnheiten beizubehalten. Kaufe beispielsweise Behälter aus Glas oder Kunststoff, um die Mahlzeiten, die du vorkochst, problemlos in einzelne Portionen zu unterteilen. Wenn du Medikamente oder Vitamine einnimmst, bewahre sie in einer Pillenbox auf, bei der jeder Tag gekennzeichnet ist. Wenn du Snacks vorbereitest, bewahre sie in kleinen Boxen auf, die du leicht griffbereit hast.

- Sei geduldig. Es wird dauern, bis du die positiven Ergebnisse siehst, wenn du deine körperliche Gesundheit und somit auch deine physische Selbstfürsorge priorisierst. Es wird dauern, bis du deinen Körper davon überzeugen kannst, dass es die Mühen wert ist. Es wird dauern, bis sich deine Erschöpfung legt und du die Auswirkungen der sanften Fürsorge spüren kannst, die du deinem Körper schenkst. Schenke dir diese Zeit. Und sei bis dahin geduldig mit dir selbst.

Dein Gesundheitsplan ist ein Wegweiser, der dir dabei helfen soll, dich um alle Bereiche deiner Gesundheit zu kümmern. Stell ihn dir als Weg vor, dir möglichst einfach und organisiert körperliche Selbstfürsorge zu schenken.

Kapitel vier

EMOTIONALE
SELF-CARE

Selbstfürsorge,
um voller Verständnis und ohne Urteil
deine Gefühle zu verarbeiten
und zu erleben

Unsere Gefühle sind der Ursprung unseres Selbst. Sie bieten uns Weisheit, eine Orientierungshilfe und Informationen, die wir sonst vielleicht ignorieren würden oder nicht klar sehen könnten. Wenn wir uns mit dem, was und wie wir uns fühlen, in Verbindung setzen, und wenn wir uns unerschrocken diesen Tatsachen stellen, dann können wir eine universelle Klarheit erlangen, die uns dabei hilft, unser Leben zu navigieren. Es ist wichtig, uns um Gefühle zu kümmern, damit wir verstehen können, was die Trauer um einen Verlust mit sich bringt. Trauer kann ein emotionaler Strudel sein, der aus Ebbe und Flut, Höhen und Tiefen und den willkürlichen Wiederholungen der verschiedenen Trauerphasen besteht.

Egal, wie Trauer für dich aussieht – eine Tatsache verbindet uns alle: Es spielt eine entscheidende Rolle, wie wir unsere emotionale Selbstfürsorge gestalten und wie mitfühlend wir mit uns selbst in dieser schwierigen Zeit umgehen. In diesem Kapitel lernst du Rituale und andere Tätigkeiten kennen, die dir dabei helfen, mit deinen eigenen Gefühlen einfühlsam umzugehen – zum Beispiel indem du dich selbst fragst, was du brauchst, indem du Grenzen setzt und die Einsamkeit bekämpfst, die die Trauer oft mit sich bringt. Gehe langsam, sanft und aufrichtig vor.

SCHENKE DIR SELBST MITGEFÜHL

Die Last der Trauer und des Verlusts, mit dem du jetzt leben musst, kann enorm sein. Ein Verlust ist für die meisten von uns so verheerend, weil er in der Regel völlig unerwartet kommt. Wir leben unser Leben oft mit der Erwartungshaltung, dass bestimmte Dinge immer gleich bleiben. Dann taucht ein Verlust auf, der diese Annahme infrage stellt und uns dazu zwingt, uns damit auseinanderzusetzen, wie flüchtig und vorübergehend die meisten Dinge tatsächlich sind. Und Trauer – der Versuch, dieses neue Leben, das von unserem Verlust gezeichnet ist, anzunehmen – folgt schnell darauf. Diese aufklaffende Lücke hat uns für immer verändert. Wir brauchen Achtsamkeit, um unsere Trauer heilen zu können. Du solltest außerdem darüber nachdenken, auch Mitgefühl in deine Trauerreise zu integrieren.

Biete dir selbst Würde, Mitgefühl, Zärtlichkeit, Freundlichkeit und Geduld. Das Leben zeigt dir auf vielerlei Art und Weise, wie unerbittlich herzlos es ist und wie grob und brutal seine Erfahrungen sein können. Ein Verlust fällt definitiv in diese Kategorie. Wenn du dich entscheidest, in all dem Chaos sanft mit dir selbst umzugehen, machst du dir selbst ein dauerhaftes Geschenk.

Die bittere Wahrheit ist: Wir können nicht beeinflussen, was das Leben bereithält. Wir haben auch keine Kontrolle darüber, was oder wen wir verlieren. Aber wir können darüber entscheiden, wie wir mit uns selbst umgehen und mit welcher Leichtigkeit wir es uns selbst erlauben, in dieser unerwarteten Zeit zu heilen. Es gibt die Möglichkeit, unserem Herzen Liebe zu schenken, indem wir es vorsichtig behandeln und als das wertvolle Gefäß, das es ist.

Im Folgenden findest du eine Übung, die dir dabei helfen kann, dir täglich selbst ein wenig Mitgefühl zu schenken.

ÜBUNG FÜR EINEN MOMENT DES MITGEFÜHLS:

1. Halte dir für diese Übung fünf ungestörte Minuten frei (oder auch nur eine, falls du nicht mehr Zeit hast). Setz dich und schließe deine Augen, wenn du möchtest. Dieser Moment gehört nur dir allein.

2. Atme so langsam und tief wie möglich ein und dann wieder aus. Atme durch deine Nase ein und durch deinen Mund wieder aus. Lass all deine Sorgen los, während du atmest. Lass die Last deiner Trauer von dir abfallen.

3. Denk darüber nach, ob du heute freundlich und stärkend zu dir selbst warst, während du atmest. Hat dir die Trauer ein Bein gestellt und bist du wütend geworden? Hast du Chaos gestiftet? Hast du jemanden verletzt oder Unbehagen ausgelöst? Es ist in Ordnung, die Schuld auf dich zu nehmen. Es ist okay, Fehler zu machen. Du gibst dein Bestes in einer unvorstellbaren Situation.

4. Wenn du mitfühlend mit dir selbst warst, bedanke dich bei dir. Versichere dir, dass du diese Liebenswürdigkeit und Aufrichtigkeit verdient hast. Baue dich selbst mit warmen, unterstützenden und ermutigenden Worten auf. Schenke dir selbst Liebe, indem du großzügig mit dir selbst umgehst, wenn du es am meisten brauchst.

5. Wenn du nicht freundlich mit dir umgegangen bist, dann sei nicht böse auf dich selbst. Sieh es als Einladung, als zukünftige Möglichkeit, um daran zu arbeiten, diese Form von Selbstfürsorge zu einer Selbstverständlichkeit zu machen. Sie sollte für dich so gewöhnlich und unbewusst werden wie das Atmen. Wenn du diese Übung beendest, bekräftige noch einmal dein Versprechen, dir selbst Freundlichkeit und Behutsamkeit zu schenken. Sie werden dich durch deinen Tag tragen.

FRAG DICH SELBST, WAS DU BRAUCHST

Trauer kann dich in den Wahnsinn treiben. Manchmal fühlst du dich, als würdest du aufgrund der vielen emotionalen Aufs und Abs, die nun einmal dazu gehören, deinen Verstand verlieren. Für ein paar Tage geht es dir gut. Und am nächsten Tag bist du wieder untröstlich. So ist es eben. Trauer ist schwer. Sie ist emotional ermüdend.

Aber genauso ermüdend ist es, nicht das zu bekommen, was du brauchst, während du trauerst. Während eines Verlusts wirst du immer wieder von allen möglichen Leuten hören: »Sag mir Bescheid, falls du irgendwas brauchst.« Das ist wirklich gut gemeint. Du hast vermutlich deinen Schmerz mit dieser Person geteilt oder sie hat von jemand anderem davon gehört oder einen Post auf einer Social-Media-Seite gesehen. Die Person will dir mitteilen, dass du ihre Unterstützung hast. Aber sie tut das auf eine Art und Weise, bei der die Initiative, aufeinander zuzugehen, bei dir liegt. Seien wir mal ehrlich: An den meisten Tagen hast du keine Energie dafür. Und zwar kein bisschen.

Versuch also mal was anderes: Frage dich selbst, was du brauchst. Was genau brauchst du, um dich unterstützt zu fühlen? Ist Kochen gerade eine zu große Herausforderung für dich? Fühlst du dich völlig erschöpft beim bloßen Gedanken daran, Erledigungen zu machen, und das, bevor du es überhaupt in die Dusche geschafft hast? Hast du das sehnlichste Bedürfnis, mit jemandem über deinen Verlust zu reden, der dir mitfühlend und urteilsfrei zuhört? Nimm dir einen Moment Zeit und überlege, was dir dabei helfen würde, dich bestärkt und weniger allein zu fühlen.

Aber höre an dieser Stelle nicht mit deinen Überlegungen auf. Wie fühlt sich deine Trauer an? Welche Farbe hat sie? Fühlt sie sich traurig und niedergeschlagen an, fern und unnahbar oder fassungslos und verwirrt? Gleicht dein Energielevel je nach Tagesform einer Achterbahnfahrt? Sind die Nächte einfacher für dich? Sind die Tage schwieriger?

Ein Gespür dafür zu bekommen, wie sich Trauer bei dir persönlich äußert, ist ein wichtiger Bestandteil bei der Suche nach deinen emotionalen Bedürfnissen. Es hilft dir dabei, deine Self-Care so auszurichten, dass sie dir guttut und dich stärkt. Eine Möglichkeit liegt hier in regelmäßigen Checkins mit dir selbst. Das ist so ähnlich wie ein Mitarbeitergespräch im Job, bei dem ein Vorgesetzter dir routinemäßig Fragen stellt und herausfinden möchte, wie es bei dir läuft. Das kannst du auch für dich selbst und deine Trauer tun. Besonders, wenn es um deine Gefühlslage geht.

Wenn du Teil einer Online-Community oder Trauergruppe bist (ein Gesprächskreis, der Trauernden Unterstützung und eine Gemeinschaft bieten kann) oder mit einem Trauertherapeuten sprichst, dann finden diese Checkins vielleicht schon beiläufig in diesem Rahmen statt. Im Austausch mit anderen sind wir häufig gewillt, Dinge zu teilen, die wir uns selbst nur ungern eingestehen. Doch auch unabhängig von anderen ist dieser Prozess für uns wichtig.

Eine letzte Sache: Gestalte diesen Prozess so unvoreingenommen und unproblematisch wie möglich. Das Ziel ist nicht, dich selbst für irgendetwas auszuschimpfen, was du falsch gemacht hast. Es gibt hier kein Richtig oder Falsch – nur einen Raum, in dem du ehrlich sagen kannst, was in dir vorgeht und welche Schritte du unternehmen kannst, um zu heilen.

LASS DEINE GEFÜHLE ZU

Unsere Gefühle sind dazu da, verarbeitet zu werden. Wir finden in ihnen einen Sinn und sie helfen uns bei unserer Entwicklung und Heilung. Aber zuallererst müssen wir sie einfach nur fühlen. Wann hast du dir zuletzt erlaubt zu fühlen, was in dir vorgeht, statt deine Gefühle zu unterdrücken, sie zu analysieren und dann beiseitezuschieben, oder sie sogar vollkommen zu leugnen? Gib dir jetzt die Erlaubnis, sie, inmitten deiner Trauer, einfach nur zu fühlen. Das wird einen gewaltigen Unterschied bei dem Auf und Ab machen, das du in deinem Trauerprozess immer wieder durchlebst. Du wirst mit deinen Gefühlen mit mehr Leichtigkeit, Klarheit und Behutsamkeit umgehen können.

Hier findest du ein paar einfache Schritte, um zunächst zu erkennen, was du überhaupt fühlst, und um anschließend herauszufinden, wie du diese Gefühle verarbeiten kannst:

1. Beobachte, welche Gefühle in dir aufkommen. Sind es Wut, Traurigkeit oder Verwirrung? Gib deinen Gefühlen einen Namen. Trau dich, Klarheit zu finden, indem du dich fragst, wie sich diese Gefühle bei dir äußern. Fühlst du dich beispielsweise überwältigt oder eher distanziert?

2. Sei aufmerksam und sachlich mit deinen Emotionen. Wenn du dein Gefühl genau benennen kannst und weißt, wie es sich bei dir äußert, dann spüre diesem Gefühl ohne Urteil nach. Lass jedes deiner Gefühle deinen Körper durchlaufen.

3. Spüre, welche Empfindungen deine Gefühle in deinem Körper auslösen. Wo spürst du deine Emotionen? Hast du zitternde Hände, ein Druckgefühl in der Brust oder schwere Füße? Lass diese Sinneseindrücke zu.

Es ist oft davon die Rede, dass wir ein Gefühl durchschnittlich nur 60 Sekunden spüren. Das ist aber nur der Fall, wenn wir gewillt, aufgeschlossen und einfühlsam genug sind, um unser Gefühl anzunehmen, statt es zu bekämpfen oder ihm eine Schuld zuzuweisen.

HOL DIR EMOTIONALE UNTERSTÜTZUNG

Niemand kann allein auf einer einsamen Insel überleben. Und das ist besonders dann der Fall, wenn es um Trauer und die Verarbeitung deines Verlustes geht. Selbstisolation ist eine weit verbreitete Strategie, die Trauernde anwenden. Es ist einfacher und fühlt sich häufig auch besser an, sich zurückzuziehen, statt sich einem Risiko auszusetzen, indem man sich anderen öffnet und sich verwundbar macht, wenn man um Unterstützung bittet und sie erhält. Am Ende des Tages kann es jedoch viel Schaden anrichten, wenn wir uns von anderen zurückziehen. Und irgendwann müssen wir uns den Konsequenzen stellen. Bitte deshalb um Hilfe und erwarte, dass man dich unterstützt, während du weitermachst und heilst. Das ist schließlich, worauf es bei Beziehungen ankommt: im Notfall füreinander da zu sein.

Diese emotionale Unterstützung kannst du aber nur erhalten, wenn du ehrlich mit dir selbst bist. Wenn dir beispielsweise Freundschaften fehlen, in denen du emotional verwundbar sein kannst, wirst du möglicherweise zum ersten Mal feststellen, dass deine Freunde nicht die Fähigkeit besitzen, hilfsbereit zu sein. Oder dass deine Freunde dir nur in speziellen Bereichen Unterstützung bieten können. Es gibt Freunde, die für dich da sind, wenn du über deinen Verlust sprechen willst. Es gibt Freunde, denen die Worte fehlen, die aber stillschweigend für dich da sind, wenn du Gesellschaft brauchst. Es gibt Freunde, die dich am besten bei nützlichen Aufgaben unterstützen, die beispielsweise für dich einkaufen gehen oder sicherstellen, dass du etwas zum Essen hast. Überlege dir, welche Freunde in welche Kategorie fallen und bitte sie dann um genau diese spezifische Form der Hilfe.

SPRICH MIT DEINEM VERLUST

Wenn es um Trauer geht, müssen viele Gespräche geführt werden. Aber es ist nicht die Art von Gespräch, die die meisten von uns kennen. Es geht darum, mit unserem Inneren zu kommunizieren: herauszufinden, was wir brauchen, zu erkennen, was wir fühlen und zu verstehen, was unser Verlust für uns bedeutet. Wenn wir mit unserem Inneren sprechen, können wir wieder etwas Kontrolle über unser Leben gewinnen, während sich alles unberechenbar anfühlt. Es kann uns dabei helfen zu verstehen, wo wir uns gerade in unserem Trauerprozess befinden.

Wenn du einen geliebten Menschen verloren hast – zum Beispiel durch eine Scheidung oder durch einen Todesfall –, dann kann es ein Trost sein, mit diesem Menschen Gespräche zu führen. Wähle dafür einen Zeitpunkt am Tag, an dem du allein sein kannst und Ruhe hast. Suche ein gemütliches Plätzchen und zünde ein paar Kerzen an. Und dann rede einfach drauflos.

Schließe deine Augen, falls es dir dann leichter fällt, das Gespräch zu beginnen. Sprich so, als würde dir die Person, die du vermisst, direkt gegenübersitzen. Erzähle ihr oder ihm alles, was du möchtest: deine neusten Erlebnisse, was dich zum Lachen gebracht hat, deinen Frust oder Dinge, auf die du dich freust. Es bedeutet nicht unbedingt das Ende, wenn ein Mensch, den wir lieben, verstorben ist oder wenn unsere Wege sich trennen. Es gibt immer noch Raum in unserem Leben, in dem wir unsere Beziehung und was sie uns bedeutet hat würdigen können.

Indem wir mit unserem Verlust sprechen, erkennen wir ihn aktiv an und akzeptieren gleichzeitig, dass sich unsere Beziehung dauerhaft verändert hat.

Wenn dein Verlust schwerer greifbar ist – wie der Verlust deines alten Lebens oder einer Nachbarschaft, die einst für dich ein Zuhause war – dann erscheint dir das Sprechen mit deinem Verlust vermutlich zu abstrakt und seltsam. Doch das Konzept ist das gleiche: Ehre das, was für dich einst bedeutungsvoll war. Du kannst laut oder leise aussprechen, was du besonders an der Sache geschätzt oder geliebt hast, die du verloren hast. Welche Gefühle hat sie in dir ausgelöst? Liebe? Wertschätzung? Glück? Denk mal darüber nach. Und dann würdige deinen Verlust auch hier aktiv, durch Sprache.

LERNE LANGSAM, DEINEN VERLUST ZU AKZEPTIEREN

Das Kübler-Ross-Modell geht davon aus, dass Akzeptanz der letzte Schritt jedes Trauerprozesses ist. Die Idee dahinter ist, dass du alle anderen Phasen durchläufst (Leugnen, Wut, Feilschen und Depression), bevor du an den Punkt gelangst, an dem du deinen Verlust und die Trauer, die damit einhergeht, akzeptieren und dann endlich weitermachen kannst. Wenn du trauerst, weißt du aber auch, dass Trauer und Verlust unendlich viel komplizierter sind.

Trauer hat individuelle Abstufungen, es kommt beispielsweise darauf an, was dir die Person oder die Sache bedeutet hat, in welcher Form sie ein emotionales Bedürfnis erfüllt hat und welche Form eure Beziehung hatte. Manche Menschen behaupten, dass ein Verlust umso schlimmer ist, je enger und tiefer die verlorene Beziehung war. Diese Annahme ist allerdings unbegründet und nicht unbedingt wahr. Es gibt keine Gewährleistung, was Trauer betrifft. Und genauso ist es auch mit der Akzeptanz des gesamten Ausmaßes eines Verlusts. Trotzdem ist Akzeptanz ein wichtiger Teil der Trauer und etwas, das du auch weiterhin anstreben solltest.

Versuche, die Akzeptanz deines Verlustes nicht als einen bedrohlichen, finalen Punkt auf deiner Trauer-To-do-Liste zu sehen, den du abhaken musst. Stell dir die Akzeptanz stattdessen als wandelbares, sich entfaltendes Konzept vor, dessen Schwere sich verändert, wenn du wächst, dich veränderst und heilst – während dein Verlust konkreter und greifbarer wird.

Deinen Verlust zu akzeptieren bedeutet nicht unbedingt, dass du mit deinem Leben in bestimmten Bereichen einfach weitermachst. Es bedeutet nicht unbedingt, dass du dir erlaubst, etwas Neues auszuprobieren oder in mancher Hinsicht von vorne zu starten, weil dein Verlust dich zerstört hat. Es kann bedeuten, dass du dich hartnäckig an dein altes Leben klammerst. Dabei kannst du aber neuen Zuspruch finden. Ja, vielleicht haben sich die Umstände in deinem Leben nicht sonderlich verändert, aber du hast es. Auch das ist Akzeptanz.

Klar, wir alle wissen: Das Leben geht weiter. Die Welt dreht sich. Neuanfänge tauchen auf, ob du willst oder nicht. Die Jahrestage deines Verlusts kommen und gehen. Akzeptanz lässt die Frage aufkommen, wie du weiterleben willst. Wie sehr erlaubst du es deinem Verlust, dich zu verändern? Wie kannst du deine Bestürzung und deinen Schmerz in etwas Handfestes einfließen lassen? In etwas Gutes? Das ist die Herausforderung. Hier fängt Akzeptanz an. An diesem Punkt hören wir auf, unseren schlimmsten Albtraum in ein harmloses Fantasiegebilde verwandeln zu wollen. Stattdessen sehen wir dem Horror, von dem wir uns wünschen, dass er nie passiert wäre, geradewegs in die Augen. Und wir versprechen uns, leise, tapfer und furchtsam zugleich, dass das Leben noch immer auf uns wartet. Und wir es mit offenen Armen empfangen werden.

AKZEPTIERE, DASS SICH ALL DEINE BEZIEHUNGEN VERÄNDERN WERDEN

Trauer ist ein Katalysator. Sie hat die Fähigkeit, uns die Realität zu zeigen, die wir vorher übersehen haben, weil wir zu abgelenkt oder uneinsichtig waren. Das gilt auch für die Beziehungen in unserem Leben. Trauer verändert alles. Sie verändert uns bis ins Mark und somit verändert sich natürlich auch die Art unserer Beziehungen zu anderen.

Manche Beziehungen werden in dieser schwierigen Zeit durch deine Verletzlichkeit stärker. Manche deiner Freunde werden dir voller Herzlichkeit beistehen, während du trauerst und deinen Verlust verarbeitest. Diese Beziehungen werden dadurch enger. So schrecklich dein Verlust auch ist, er zeigt dir, dass du auf diese Menschen zählen kannst – nicht nur in den schönen Zeiten, sondern auch an deinen dunkelsten Tagen.

Allerdings gibt es auch Beziehungen, die von der zerstörerischen Natur von Trauer und Verlust zertrümmert werden. Manche Menschen halten es nicht aus, mit dir die Ausmaße deines Verlusts zu ertragen. Andere können dir nichts weiter als Stille und Distanz bieten. Vergiss nicht, dass diese Menschen trotzdem keine schlechten Menschen sind: Sie sind keine egoistischen Monster, die sich weigern, für dich da zu sein, weil du mit Mängeln behaftet bist. Ihre fehlende Unterstützung hat rein gar nichts mit deinem Wert zu tun. Manche Menschen haben einfach nicht die Kraft, deinen Schmerz mitanzusehen und ihn zu teilen.

LASS DEINEN TRÄNEN FREIEN LAUF

Du musst mehr weinen. Die Trauer fordert es sogar von dir, dass du mehr weinst. Sie bittet dich darum, das Weinen zu einem regelmäßigen Teil deiner Selbstfürsorge zu machen.

Weinen heißt nicht automatisch, dass du auch traurig bist. Es ist eine von vielen Formen des Freilassens deiner Gefühle. Ein Mensch weint, weil er frustriert ist, besorgt, gestresst, überfordert, verwirrt, weil er nicht mehr weiterweiß oder weil er glücklich, voller Ehrfurcht oder erleichtert ist. Weinen und den Tränen freien Lauf zu lassen bedeutet, dass es in deinem Herzen Gefühle gibt, die du ausdrücken willst – Gefühle, die du ausdrücken musst.

Am Anfang des Trauerprozesses ist es nicht ungewöhnlich, sich wie betäubt zu fühlt. Wenn wir einen Verlust erleben, sind wir oft so tief geschockt, dass es für manche von uns eine Art Schutz ist, emotionslos zu sein. Weinen erscheint in diesem Fall nutzlos. Und genau deshalb solltest du Raum für Gefühlsausbrüche schaffen, und zwar in Form von kurzen Zeiträumen, die du zum Weinen nutzt. Plane diese Zeit fest ein, so wie du es auch mit einem Arzttermin oder einer Therapiestunde machen würdest. Trage dir für jede Woche ein paar Minuten ein. (Auch wenn du dich nicht selbst betäubst, kann es hilfreich sein, dir Zeit für Gefühlsausbrüche freizuhalten, um deinen Emotionen freien Lauf zu lassen.) Beobachte, wie das Weinen und Herauslassen aller Gefühle, die sonst keinen Platz finden, deine Trauer verändern.

Self-Care-Tipp
Vermutlich wirst du dich nach dem Weinen leichter und befreit fühlen. Aber vielleicht fühlst du dich auch erst mal ausgelaugt. Eine heiße Tasse Tee, ein Schaumbad oder einfach eine Portion Schlaf können dir dabei helfen, einen guten Gefühlsausbruch etwas abzumildern.

TRAU DICH, GRENZEN ZU SETZEN

Manche Menschen schaudert es, wenn sie das Wort »Grenzen« hören. Das Wort kann sich riesig, furchterregend und herausfordernd anhören. Für diejenigen von uns, die es nicht gewohnt sind, sich auf diese Art und Weise für sich selbst einzusetzen, gibt es gute Gründe, wieso wir uns unwohl fühlen, wenn das Wort »Grenzen« fällt. Wir haben noch nie zuvor Grenzen gesetzt und unbekanntes Terrain ist immer etwas nervenaufreibend. Aber Grenzen müssen keine große Sache sein und sie müssen auch nicht furchteinflößend sein. Es kommt immer darauf an, wie wir sie sehen.

Sieh sie doch mal so: Grenzen sind keine Mauern, die wir aufbauen, um andere draußen zu halten. Sie sind außerdem keine Regeln und keine Methode, um das Verhalten und die Reaktionen von anderen zu kontrollieren. Bei Grenzen geht es um uns selbst. Es geht um unsere Bedürfnisse und Wünsche. Sie sind nötig, um unsere Selbstfürsorge so in den Mittelpunkt zu rücken, dass wir nicht im Meer der Erwartungen von anderen untergehen. Wenn wir unsere Vorstellung von Grenzen so ändern, dass sie dieses breitere Verständnis umfassen – dass es bei Grenzen um uns geht und darum, für uns selbst einzustehen –, dann wird es sich vielleicht besser anfühlen, Grenzen zu setzen. Das Konzept von Grenzen stärkt uns plötzlich. Es geht um unsere emotionale Sicherheit. Und das brauchen wir am meisten, wenn wir trauern. Wir müssen uns sicher fühlen können.

Also ja, teile deinem Partner oder deiner Partnerin mit, dass du nicht die Kraft hast, diverse Erledigungen für sie zu unternehmen, weil du gerade mehr Ruhe benötigst. Und ja, wenn eine enge Freundin oder ein enger Freund Dampf ablassen und deinen Rat haben möchte, dann erkläre ihr oder ihm, dass du gerne zuhören und helfen würdest, du das aber gerade nicht schaffst. Und ja, du kannst deinen Chef oder deine Chefin fragen, ob deine Aufgaben während deiner Trauerphase etwas umverteilt werden können: Du brauchst ein leichteres Arbeitspensum, bis du dich bereit fühlst, zu deinem früheren Leistungsniveau zurückzukehren. Beschränke deinen Konsum von Fernsehserien, Filmen oder anderen Medien, die dich triggern, damit du nicht unnötig emotional verletzt wirst. Diese Möglichkeiten und viele andere können Grenzen sein, die du setzt, um dein Leben hier und dort zu verbessern.

Es gibt zwei weitere wichtige Dinge, die du im Hinterkopf behalten solltest, während du bessere Grenzen setzt:

1. Erwarte Widerstand oder Enttäuschung von denjenigen, die sich noch nie zuvor über deine Grenzen Gedanken gemacht haben. Lass nicht zu, dass ihre Reaktionen deine Bedürfnisse beeinflussen, während du trauerst.

2. Zögere nicht, deine Grenzen umzusetzen, weil es sich zunächst »gemein« oder unangenehm anfühlt. Die Schuldgefühle und das Unbehagen vergehen wieder. Deine Gedanken über die Gefühle anderer werden ebenfalls vergehen. Das gilt allerdings nicht für deine Bedürfnisse in dieser schwierigen Zeit. Lass das, was du brauchst, dein Ansporn sein.

Entgegen der weitläufigen Meinung ist das Setzen von Grenzen nicht mit einem Mal erledigt. Du wirst nie an den Punkt kommen, an dem du damit fertig bist, Grenzen zu setzen, sie neu auszuhandeln, sie zu bekräftigen oder Konsequenzen folgen zu lassen, wenn sie überschritten werden. Das Setzen von Grenzen ist fortlaufend, es verlangt, dass du der Situation ins Auge blickst und sie zu dem machst, was sie sein könnte. Während du trauerst, sind diese Veränderungen unerlässlich.

LERNE, NEIN ZU SAGEN UND ES AUCH SO ZU MEINEN

Es wird dein Leben verändern, fröhlich, entschlossen und ohne Reue Nein zu sagen.

Du weißt selbst, wie Trauer und das Verarbeiten deines Verlusts für dich persönlich aussehen. Du weißt das, weil es deine eigene Erfahrung ist. Wenn es ums Neinsagen geht, frag dich selbst, was dein Bauchgefühl dir sagt bezüglich Dingen, die du nicht länger machen willst. Was rät es dir bei geselligen Situationen, in denen du zu lange erklären musst, wie du dich fühlst oder wie es dir geht, und die dich somit mehr auslaugen, als dir Energie zu schenken? Was ist mit Gesprächen, die sich im Kreis drehen und wenig mitfühlend sind?

Denke ehrlich darüber nach. Und wenn du das nächste Mal bemerkst, dass ein »Nein« deinen Hals hinaufklettert und du das Bedürfnis hast, es runterzuschlucken, um als freundlicher und umgänglicher Mensch zu wirken (und nicht als düstere, schwierige, trauernde Person) – dann denke darüber nach, wie viel einfacher es für dich wäre, dich nicht mit diesen emotionalen Rechnungen abmühen zu müssen. Wie würde es sich anfühlen, einfach Nein zu sagen und darüber erleichtert zu sein, nicht bei diesem Theater mitspielen zu müssen, bei dem deine Gefühle sowieso nicht zählen? Wie würde es sich anfühlen, wenn du dich selbst und deine Trauer an erste Stelle setzt?

Sag Nein. Und dann sag häufiger Nein. Sag Nein, auch wenn du deshalb ein schlechtes Gewissen hast. Sag Nein, wenn du nicht mitspielst und deshalb Erleichterung empfindest. Sag Nein, wenn du dich schon müde fühlst, bevor du überhaupt etwas angefangen hast, was du eigentlich gar nicht tun willst. Und dann sag Nein zu anderen Dingen, die du auch nicht machen willst.

Dein Verlust fordert dich auf, achtsam auf deine Gefühle zu schauen. Häufiger Nein zu sagen – und damit Ja zu dir selbst und deinen Bedürfnissen –, kann einiges ins Rollen bringen. Nein zu sagen, wenn du dich nur mittelmäßig, gelangweilt oder zwiegespalten fühlst, bedeutet, dass du Raum für die Dinge schaffst, die dich erfüllen, die bei deiner Heilung helfen und die dich dabei unterstützen, deine Trauer auf gesunde Art und Weise emotional zu verarbeiten. Und wieso solltest du dich nicht mutig in diese Richtung bewegen?

BEGRENZE DEINE ZEIT AUF SOCIAL MEDIA

Wenn wir trauern, können soziale Medien ein wundervoller Ort sein, um Leidensgenossen zu finden. Die zahlreichen Trauer-Communities, die es auf Twitter, Instagram und Facebook gibt, sind unglaublich hilfreich für viele Menschen. Es ist absolut empfehlenswert, auf diesen Social-Media-Seiten deine Leute zu finden – deine Trauerschwestern und -brüder. Trotzdem solltest du auch Grenzen setzen, was deine Zeit auf Social Media angeht.

Es ist verlockend, dich auf Social Media Seiten einzuloggen und deine Gedanken und Gefühle zu verfassen. Wenn ein Verlust noch frisch und rau ist, wollen wir der Welt mitteilen, wie wir uns fühlen. Das Elend verlangt es, nicht nur gefühlt, sondern auch geteilt zu werden. Und genau das tun viele von uns, unwissentlich. Und manchmal sogar auf unpassende Art und Weise.

Dich und deine Gefühle auszudrücken ist immer eine gute Idee – wenn es würdevoll passiert. Wenn du oft das Bedürfnis hast, auf Social Media über deine Trauer zu quatschen, denke noch mal über deine Bedürfnisse dahinter nach. Fühlst du dich einsam und wünschst dir eine Verbindung in dieser Zeit? Dann verwende diese Energie dazu, eine Trauergruppe oder Ähnliches zu finden, in der du vermutlich besser gehört und verstanden wirst. Du willst deinen Gefühlen einfach nur Ausdruck verleihen? Dann versuch mal, sie aufzuschreiben oder sie mit einem guten Freund zu besprechen. Es gibt gesündere Wege, deine Gefühle der Trauer auszudrücken – Wege, bei denen deine Bedürfnisse, nach denen du förmlich schreist, tatsächlich erfüllt werden können.

WÄHLE WEISE, MIT WEM DU DEINEN KUMMER TEILST

Auch wenn es sich vielleicht sicher und angenehm anfühlt, dich in deiner Trauer zu isolieren, wissen wir doch alle, dass die Unterstützung von anderen einen großen Unterschied macht, wenn es darum geht zu lernen, unseren Verlust zu akzeptieren. Du brauchst andere Menschen. Du brauchst Menschen, die für dich da sind, und zwar besonders jetzt. Dein Urteilsvermögen ist ein wichtiges Werkzeug, um die richtige Unterstützung zu finden, während du trauerst.

Mit großer Wahrscheinlichkeit hast du Menschen, die du als dein helfendes Netzwerk ansiehst: Freunde, Familie, Kollegen, Nachbarn oder Bekannte. Diese Menschen rufst du an, wenn es in guten Zeiten etwas zu feiern gibt, und du stützt dich auf sie, wenn du eine schwere Zeit durchstehst. Aber Trauer kann dazu führen, dass sich Menschen seltsam verhalten. Plötzlich schweigen Menschen und distanzieren sich von dir, die dich früher immer unterstützt haben. Es ist unmöglich vorauszusagen, wer sich so verhalten wird. Man ist auf der sicheren Seite, wenn man sich auf diejenigen verlässt, die sich bereits zuvor als zuverlässig herausgestellt haben.

Manche Menschen werden dich allerdings auch überraschen. Es ist nicht ungewöhnlich, dass jemand, der zuvor eher ein flüchtiger Bekannter war, plötzlich auftaucht und für dich da ist. Und das vielleicht sogar mehr als die Menschen, mit denen du früher besonders eng warst und auf die du dich immer verlassen hast. Öffne dich für die Herzlichkeit, die dir geschenkt wird, egal von wem sie kommt. Das Leben ist manchmal seltsam, aber auch erfinderisch. Es zeigt uns, dass es unterschiedlichste Formen gibt, durch die wir Unterstützung und Fürsorge erfahren können. Und manchmal zeigt es uns, dass bereits neue Freunde in den Startlöchern stehen, um uns zu begrüßen und sich um unser Herz zu kümmern.

KÄMPFE GEGEN DEINE TRAUERISOLATION AN

Vielleicht denkst du, dass niemand versteht, was du durchmachst. Niemand versteht, wie es sich anfühlt. Du sagst dir immer wieder selbst, dass es unmöglich ist, dass jemand das Trauma versteht, das durch deinen Verlust entstanden ist. Und so ziehst du dich in deinen Kokon zurück und versteckst dich vor dem Rest der Welt. Du hörst auf, ans Telefon zu gehen und E-Mails zu beantworten. Du wehrst jegliche Versuche ab, dir zu helfen – vielleicht auch, weil die ersten Versuche schmerzhaft oder sogar verletzend waren. Du distanzierst dich sogar von denen, die dir früher nahestanden. Du hast keine Lust mehr, Größe zu beweisen, während die anderen sich abmühen und am Ende doch kein bisschen hilfreich sind. Du bleibst lieber allein. Du wartest lieber darauf, dass diese Trauer-Sache einfach vorbeigeht und der Schmerz nicht mehr höllisch brennt.

Trauerisolation. Viele von uns entscheiden sich dafür, allein zu bleiben, so einsam es auch ist, weil es uns zu viel Kraft raubt, mit anderen zusammen zu sein. Auch wenn diese Strategie kurzzeitig sinnvoll erscheint, sind ihre Auswirkungen doch auf Dauer schädlich für die Heilung, die wir für unsere Trauer brauchen.

Nimm dir Zeit für dich allein, wenn du sie brauchst. Aber gib dir auch einen Ruck und lass andere an dich ran. Finde eine Balance, die sich gut anfühlt. Vielleicht musst du dich erst selbst davon überzeugen, dass sich andere dir nähern dürfen. Sei also nicht überrascht, wenn du Widerstand in dir spürst. Erwarte Widerwillen und schmiede einen Plan, wie du ihn überwinden kannst. Manchmal ist es schwierig zu akzeptieren, was du brauchst. Und jetzt gerade brauchst du andere Menschen. Mehr als du denkst. Du brauchst Menschen für Dinge, die du dir allein nie bieten könntest.

Diese Fragenliste wird dir dabei helfen herauszufinden, ob du dich bisher für Trauerisolation oder den Kontakt zu anderen entschieden hast:

1. Wieso möchte ich allein zu Hause bleiben?

2. Habe ich mich ursprünglich darauf gefreut, jemanden zu treffen und mich auszutauschen, es mir dann aber selbst wieder ausgeredet? Und das vielleicht aus Gründen, die ich gar nicht genau benennen kann?

3. War heute ein schwerer Trauertag und fühlt es sich deshalb leichter an, allein zu bleiben?

4. Habe ich das Gefühl, dass die Unterstützung und Fürsorge von anderen in letzter Zeit schwindet?

5. Was wird am Ende passieren, wenn ich mich in diesem Moment entscheide, allein zu bleiben?

6. Wie wird sich meine jetzige Entscheidung später anfühlen?

Wann auch immer du verunsichert bist, gehe diese Fragen durch, um festzustellen, was deine Beweggründe sind.

PLANE DEN JAHRESTAG DEINER TRAUER IM VORAUS

Der Tag wird kommen, an dem dein Verlust einen Meilenstein erreicht: der erste Jahrestag ... eine Erinnerung an das, was einst war und nicht länger existiert. Jahrestage eines Verlusts sind schwer vorhersehbar. Vielleicht wappnest du dich für seine Ankunft voller Angst, und wenn es dann so weit ist, fühlst du dich vollkommen okay. Oder du erwartest, dass es ein Tag wie jeder andere sein wird, aber stattdessen fühlst du dich wie betäubt, traurig und fassungslos – so wie damals, als dein Verlust noch ganz neu und frisch war.

Um nicht überrascht zu werden, egal in welche emotionale Richtung sich der Jahrestag bewegt, solltest du vorbereitet sein. Plane im Voraus. Warte nicht einfach darauf, dass der Tag kommt, während du noch immer keine Idee hast, was du gerne machen würdest. Für manche ist es eine Möglichkeit zu verreisen – Ferien von der Trauer zu nehmen und an einen Ort zu fahren, der Frieden oder Wärme schenkt. Sich den Tag freizuhalten, um nur für sich allein zu sein, ist für manche eine gute Option. Diesen Tag kannst du in Abgeschiedenheit verbringen, um in Erinnerungen zu schwelgen, zu lachen, zu weinen, dein Wohlfühlessen zu futtern und dich von Serien oder Filmen berieseln zu lassen.

Andere entscheiden sich dafür, den Tag mit ihren Lieben zu verbringen, und eine Gedenkfeier abzuhalten, besonders, wenn es um den Verlust eines geliebten Menschen geht. Die Trauernden versammeln sich zu Hause oder an einem öffentlichen Ort, sie teilen Erinnerungen an die verstorbene Person und versprechen, ihm oder ihr zu Ehren etwas Schönes zu machen. Das kann etwas Inspirierendes sein, wie beispielsweise eine gemeinsame Spende an einen guten Zweck, der für die Person besonders wichtig war.

Ein Projekt in Erinnerung an deinen Verlust umzusetzen kann ein weiterer Weg sein, um das Andenken zu feiern. Das erfordert allerdings ein wenig mehr durchdachtes Planen als die anderen Optionen. Du solltest darüber nachdenken, was du dauerhaft umsetzen oder entwerfen möchtest.

Falls es ein künstlerisches Projekt ist – hast du die nötigen Materialien, um das zu erschaffen, was du dir vorstellst? Falls es ein guter Zweck ist – hast du bereits Helferinnen und Helfer kontaktiert, die dich bei der Organisation deiner Veranstaltung unterstützen können? Hast du die Menschen in deinem Leben mit ins Boot geholt, die daran interessiert wären oder die sich geehrt fühlen würden, dir zu helfen?

Denk gründlich über alle Details nach. Stelle sicher, dass dein Projekt von Herzen kommt und ehrliche Absichten hat.

Es gibt keinen richtigen oder falschen Weg, den Jahrestag deines Verlustes zu begehen. Aber es ist wichtig, vorausschauend zu denken, damit du dich am Tag selbst nicht überwältigt fühlst und gar nicht weißt, wie du mit deinen Emotionen umgehen sollst. Wenn du im Voraus planst, kann er zu einem besonderen Tag werden, den du entspannt bewältigen und an dem du deinen Gefühlen freien Lauf lassen kannst – ganz egal, welche Gefühle das am Ende sind.

Self-Care-Tipp

Du solltest darüber nachdenken, deine Pläne für diesen Tag auch mit deinen Lieben zu teilen. So wissen sie im Voraus, wie sie dich am besten unterstützen können.

ERSTELLE EINEN MOOD TRACKER

Während du trauerst, werden deine Gefühle kommen und gehen, kommen und gehen, kommen und gehen. Kein Tag ist wie der nächste. Und auch keine Gefühlslage bleibt für immer. Wenn du genauer verstehen willst, wie sich dein Trauerprozess entwickelt, kann es hilfreich rein, deine Stimmungen abzubilden.

Das Festhalten deiner Stimmungen in Form eines Mood Trackers bringt dir nicht nur ein tieferes Verständnis von dir selbst, es kann dir auch dabei helfen zu erkennen, dass du vielleicht größere Schwierigkeiten hast, deinen Verlust zu verarbeiten, als du denkst. Wie du in Kapitel eins gelernt hast, sind Anpassungsstörungen und Trauerstörungen zwei Ausprägungen von Trauer, die nicht nur mehr Aufmerksamkeit und Aufarbeitung von deiner Seite brauchen, sondern auch Unterstützung von einem Spezialisten erfordern.

Das Festhalten deiner Stimmung ähnelt dem Tagebuchschreiben. Schaffe einen festen Platz in einem Tagebuch, auf einem Notizblock oder sogar in deinem Computer oder Handy. Hier notierst du in wenigen Worten, wie du dich fühlst. Im Laufe der Zeit solltest du die Höhen und Tiefen deiner Stimmungslage erkennen können. Dann kannst du auch damit beginnen, die Hintergründe dieser Gefühle zu erforschen. Wenn beispielsweise eine negative Richtung zu erkennen ist, kannst du in dich gehen und mögliche Auslöser aufspüren.

Ein Mood Tracker ist ein hilfreiches Werkzeug für deine Trauerarbeit. Wenn du deine Stimmung genau beobachtest, kannst du einen Einblick in deine Bedürfnisse bekommen und so schlussfolgern, welche Selbstfürsorge du gerade besonders brauchst – zum Beispiel kostbare und ruhige Zeit für dich selbst oder die Unterstützung eines lieben Menschen (oder eines Spezialisten), der dir zur Seite steht.

VERBINDE DICH MIT DEINEM INNEREN KIND

Es gibt unzählige Meditationen, Blogbeiträge, Zeitungsartikel, Instagram-Posts und Youtube-Videos, die sich mit unserem inneren Kind beschäftigen. In Lifestyle-Kreisen ist die Idee des inneren Kindes ein Trendthema geworden, über das man gerne sinniert. Aber was genau ist unser inneres Kind? Und was hat es mit unseren Erfahrungen von Trauer und Verlust zu tun?

Jugendliche Energie, Verspieltheit, kreative Ausbrüche ... das alles ist dein inneres Kind, das sich bemerkbar macht. Es ist der Teil von dir, der mit Unschuld und Lebensfreude gefüllt ist – das Ich, das du einst warst, bevor das Leben dich gezeichnet hat und du vorsichtiger und zurückhaltender geworden bist. Dieses Ich ist für manche leichter zu finden als für andere. Für manche ist es aufgrund von Kindheitstraumata nicht einfach, sich mit ihrem inneren Kind zu verbinden. Falls das bei dir auch der Fall ist, hol dir bei der Suche nach deinem inneren Kind Unterstützung von einem vertrauten Freund oder Therapeuten.

Doch eins steht fest: Dein inneres Kind sehnt sich danach, mit dir in Kontakt zu treten. Es würde gerne dein heutiges Ich kennenlernen. Und du kannst diese Verbindung auf jeden Fall schaffen, wenn du möchtest. In diesen Zeiten, in denen dein Schmerz dich besonders empfindlich macht, brauchst du möglicherweise Unterstützung bei deiner Suche nach Freude und Licht an diesem dunklen Ort, an dem du dich gerade befindest. Dein inneres Kind kann dich durch seine Unbeschwertheit an die Hand nehmen und dir eine spürbare Quelle von Glück und unbeschwertem Spaß schenken.

Hier findest du ein paar Tipps, um mit deinem inneren Kind in Kontakt zu treten und die emotionale Unterstützung zu finden, die auf dich wartet:

- Plane Tage, an denen du unbeschwert Spaß hast. Wähle Aktivitäten, die du als Kind gerne gemacht hast. Setze dir selbst keine Grenzen und lass einfach los.

- Schau dir Cartoons oder animierte Filme an. Gönn dir ein paar Snacks und feiere dein Lachen, während du schaust.

- Schließe deine Augen und stelle dir vor, dass du gemeinsam mit deinem früheren Ich einen Raum betrittst. Beobachte, wie sich dein jüngeres Ich verhält: was es tut, was es sagt (falls es spricht), die Energie, die es ausstrahlt. Was kann dir diese Begegnung über dein inneres Kind und darüber, wie du dich um es kümmern musst, verraten?

- Nimm ein Malbuch zur Hand. Stell dir einen Wecker und male für mindestens eine halbe Stunde. Denk nicht zu sehr über diese Aktivität nach – geh nicht mit Perfektionismus oder deiner heutigen Genauigkeit an die Sache ran. Hab einfach Spaß ohne Hintergedanken und widerstehe der Versuchung, dein Bild auf bestimmte Art aussehen zu lassen.

- Suche alte Fotos von dir als Kind heraus, falls du welche hast. Gleiche die Bilder mit deiner vorherigen Vorstellung ab. In welchem Alter schien dein inneres Kind zu sein? Bezieh dich immer wieder auf diese Vorstellung. Das wird es leichter machen, wenn du mit deinem inneren Kind in Kontakt treten oder mit ihm sprechen willst.

Hab Vertrauen in dich selbst, während du dich auf diese Reise begibst. Geh mit Offenherzigkeit und Leichtigkeit an die Sache heran, denn genau das ist der Sinn der Sache.

MEINE ES GUT MIT DIR SELBST

Was wäre nötig, damit du positiv über dich selbst denkst? Und was wäre nötig, damit du es gut mit dir selbst meinst? Während Trauer, Verlust und seelisches Durcheinander dich umspannen und einnehmen, scheint es fast unmöglich, es gut mit dir selbst zu meinen. Es scheint zu anstrengend zu sein und so, als ob du dafür einfach keine Energie übrig hast.

Es gut mit dir selbst zu meinen ist keine Form von toxischer Positivität, die dir vielleicht viele gerade aufdrängen wollen. (Du weißt schon, die Leute, die zu dir sagen: »alles passiert aus einem bestimmten Grund«, oder die dir erklären wollen, wieso dein Verlust gut war, oder die darauf bestehen, dass du den Höhepunkt der Erleuchtung erreichen kannst, wenn du deinen Verlust endlich akzeptierst.) Nein, es gut mit dir selbst zu meinen bedeutet nicht, dass du dich selbst dafür ausschimpfen solltest, weil du nicht positiver an die Sache rangehst und weil du nicht einfach so die positiven Seiten sehen kannst.

Es gibt keine positiven Seiten, wenn es um Trauer oder Verlust geht.

Es gut mit dir selbst zu meinen ist die sanfte Akzeptanz, dass du das alles irgendwie durchstehen wirst. Es ist die Akzeptanz, dass die Trauer möglicherweise eine ganze Weile bleiben oder dich sogar dein ganzes Leben lang begleiten wird. Es bedeutet aber auch, dass du es gewagt hast, jemanden oder etwas zu lieben. Du hast dich getraut, mutig zu sein, und dich tapfer mit etwas verbunden – und das in einer Welt, die sich ständig verändert und in der die Dinge sich so schnell wandeln wie Flugsand. Das ist auch etwas wert, oder? Es ist tatsächlich sogar sehr viel wert.

Dir wird es wieder gut gehen. Eines Tages. Irgendwann. Eines Tages wirst du aufblicken und die Trauer wird immer noch da sein, aber anstelle eines Schreis wird sie nur noch ein leises Flüstern sein. Dort, wo vorher nur Wut war, wird dann eine Zartheit sein, die die Verluste umhüllt, die du ertragen musstest. Das bedeutet nicht, dass du vom Schmerz geheilt sein wirst – sondern dass du gelernt hast, mit dem Schmerz zu leben. Du hast dem Schmerz erlaubt, dir etwas beizubringen.

Dir wird es wieder gut gehen. Lass dir das sagen und akzeptiere es. Es wird so sein. Denn Verluste werden dir immer wieder begegnen. Aber dann kannst du zurückblicken und dir sicher sein, dass du wieder auf der anderen Seite der Trauer herauskommen wirst – egal, wie unerträglich die Lektionen waren, die du lernen musstest. Du hast erfolgreich für dich selbst gekämpft und für ein neues Leben nach deinem Verlust.

Hier findest du ein paar Vorschläge, wie du es emotional gut mit dir selbst meinen kannst:

- Erinnere dich selbst daran, dass es ein Leben jenseits der Trauer gibt.

- Wenn du frustriert bist, sag dir immer wieder: »Alles zu seiner Zeit.«

- Versichere dir immer wieder: »Die Trauer wird mich nicht brechen«, als Erinnerung daran, dass du alles bewältigen kannst, egal, wie unerträglich es sich vielleicht anfühlt.

Wohlwollend mit dir selbst zu sein ist eine Form der Selbstfürsorge, die du gerade jetzt, in Zeiten des Umbruchs und ungewollter Veränderung, besonders brauchst.

NUTZE SELF-CARE-ARBEITSBLÄTTER

Du solltest deine emotionale Selbstfürsorge behutsam angehen, und zwar besonders dann, wenn du trauerst. Self-Care-Arbeitsblätter sind nicht nur ein wunderbarer Weg, um dein Mitgefühl mit dir selbst zu fördern, sie können dir auch die emotionale Unterstützung bieten, die du brauchst, um weiterzumachen. Wie du vielleicht schon rausgefunden hast, kann Schreiben stärkend wirken und dir einen Einblick in dein Inneres schenken. Arbeitsblätter zur Selbstfürsorge können ein Teil davon sein.

Die meisten Selbstfürsorge-Arbeitsblätter basieren auf der kognitiven Verhaltenstherapie (im Englischen als cognitive behavioral therapy bekannt, kurz CBT). Sie beinhalten Methoden wie das Reframing (Umdeutung) und das Infragestellen verzerrter Wahrnehmungen, um Verhaltensmuster zu ändern, zum Beispiel durch das Etablieren gesünderer Gewohnheiten und Bewältigungsstrategien. Du kannst online (zum Beispiel auf Etsy oder über Pinterest) verschiedene Arbeitsblätter finden, die ein gutes Werkzeug für die Arbeit an deiner emotionalen Selbstfürsorge sein können. Du kannst sie ausdrucken und später ausfüllen oder die Inhalte anpassen und in ein Tagebuch übertragen.

Vergiss nicht, dass diese Arbeitsblätter Werkzeuge sind. Sie sind kein allgemeingültiger Leitfaden. Sie sollten außerdem nicht als Therapie angesehen werden und können sie auch keinesfalls ersetzen. Wenn überhaupt sind sie ein Fundament und bieten dir ein Gerüst, auf dem du aufbauen kannst. Sie sind lediglich eine Ergänzung zur emotionalen Arbeit und dem Engagement, das du bereits leistest.

Wenn du bereits in Therapie bist, frage gerne deinen Therapeuten oder deine Therapeutin nach weiteren Hilfsmitteln, die dir als zusätzliche emotionale »Hausaufgaben« dienen können. Viele Fachleute haben Listen mit Websites, Artikeln und vielem mehr zur Verfügung und geben sie gerne an dich weiter.

ERSTELLE EIN SELF−CARE VISION BOARD

Vision Boards liegen total im Trend, besonders zu Beginn eines neuen Jahres. Ein Vision Board (auch als Traumcollage bekannt) ist genau das, wonach es klingt: eine Chance, deine Vision für das kommende Jahr, für die nächsten fünf Jahre – oder sogar für dein gesamtes Leben – zu erschaffen, indem du eine Collage mit sämtlichen Bildern und Mantras erstellst, die dich inspirieren. Diese Technik kannst du auch für deine persönliche Selbstfürsorge nutzen, indem du dir sozusagen einen Plan für dein Seelenleben erstellst.

Das Schöne an dieser Übung ist, dass du sie auf die bekannte Weise umsetzen kannst, die ein wenig an Scrapbooking erinnert. Du kannst aber auch den digitalen Weg wählen. Es gibt mittlerweile viele Apps, bei denen du Videos, Fotos und sogar Audioclips kombinieren kannst, um ein Vision Board für dein seelisches Wohlbefinden zu erstellen, während du trauerst. Dein Vision Board kann so detailliert oder vage sein, wie du möchtest. Das Ziel ist es, ein Gerüst aufzubauen, das dich dabei unterstützt, dich in dieser schwierigen Zeit gut um deine Gefühle zu kümmern.

Wenn du dein Self-Care Vision Board erstellt hast, hänge es an einem gut sichtbaren Ort auf, wo du es regelmäßig betrachten kannst. Hör ab und an in dich hinein. Ist die Art, wie du mit deinen Gefühlen umgehst, angenehm? Fühlt es sich gut an? Nutzt du die Vision, die du mit deiner Traumcollage geschaffen hast, damit sie dir bei deiner Heilung hilft?

Self-Care-Tipp

Um das Erstellen deines Vision Boards zu einem gemeinschaftlichen Erlebnis zu machen, lade deine Lieben dazu ein, mitzumachen. Wenn ihr euch nicht persönlich treffen könnt, veranstaltet eine »Vision Board Party« als Videokonferenz.

ÜBE SELBSTREGULATION

Gefühle können kompliziert sein. Sie können völlig aus dem Ruder laufen und zu einem Haufen Chaos werden, den wir dann hastig beseitigen wollen. Egal, ob diese chaotische Gefühlslage nur in dir selbst existiert oder ob sie auch andere betrifft: Fass dir ein Herz. Als Aufseher unserer Gefühle sind wir für diesen Job selbst zuständig. Es geht hier um Selbstregulation.

Selbstregulation bedeutet, dass du deinen Gefühlen Raum lässt und dass du genau benennst, was du fühlst, und beobachtest, welche Auswirkungen diese Gefühle auf deinen Körper haben. Selbstregulation wird dir dabei helfen, dich selbst zu trösten und die Unterstützung zu finden, die du brauchst, damit du nicht ständig auf alles reagierst.

Stell dir diesen Prozess als »Gefühlsmanagement« vor. Denk mal an Vorgesetzte in der Arbeitswelt: Die besten führen ihre Angestellten. Sie lösen aufkommende Probleme, verbessern die Stimmung und fördern diejenigen, die es verdient haben. Mache dich selbst zum Boss deiner Gefühle. Denn du bist der Boss! Du entscheidest über das Schicksal deiner Emotionen und über deine emotionale Selbstfürsorge. Die Trauer, die du spürst und deren Sinn du gerne verstehen würdest, braucht Führung. Du musst deinen Weg durch das Labyrinth deiner Gefühle und aller unerwarteter Wendungen deines Verlusts finden. Sei der Aufseher deiner Gefühle und bereite den Weg für deinen Heilungsprozess. Die folgenden Schritte sollen dir dabei helfen, Selbstregulation zu üben, während du trauerst:

1. Schaffe Raum für alles, was du fühlst. Ganz egal, welche Emotion in dir aufsteigt, erkenne sie an. Heiße sie ohne Urteil willkommen. Egal, ob es sich um Ärger, Reue, Schuldgefühle, Wut, Zorn oder Traurigkeit handelt, lass es zu. Erde dich in deinen Gefühlen.

2. Benenne deine Gefühle. Sobald du einen Raum für sie geschaffen hast und dich gefestigt fühlst, gib deinem Gefühl einen Namen. Während du über diesen Namen nachdenkst, überlege, wie sich dieses Gefühl in deinem Körper zeigt. Ist dein Körper beispielsweise angespannt? Sind deine Hände zu Fäusten geballt? Knirschst du mit den Zähnen? Fühlt sich dein Gesicht heiß an? Das alles können äußerliche Hinweise darauf sein, was du im Inneren fühlst und wie dein Körper diese Gefühle wahrnimmt.

3. Tröste dich selbst. Übungen wie langsames, tiefes Atmen und das Zählen bis zehn können hier hilfreich sein. Der Gedanke dahinter ist es, dein Nervensystem zu beruhigen und deine Gefühle mit Leichtigkeit durch deinen Körper fließen zu lassen.

4. Wende dich an eine vertraute Person, die dich unterstützen kann. Sobald du dich selbst getröstet hast (und erst dann), wende dich an einen Freund oder ein Familienmitglied, mit dem du deine Gefühle teilen und von dem du zusätzliche Unterstützung erhalten kannst. Es ist entscheidend, dass du besonders sorgfältig auswählst, wem du dich anvertraust. Wie bereits bei »Wähle weise, mit wem du deinen Kummer teilst« erwähnt, ist dein Urteilsvermögen bei der Wahl, wem du dich öffnest, entscheidend. Nur du weißt, wer diese Menschen sind.

Nutze diese Tipps als Leitfaden, wenn du dich emotional überfordert fühlst.

KENNE DEINE TRAUER-TRIGGER

Trigger sind hinterlistig und heimtückisch. Sie liegen auf der Lauer – jederzeit bereit, uns entgegenzuspringen und uns an die Vergangenheit zu erinnern, an das, was wir hinter uns lassen wollen, womit wir aber immer noch zu kämpfen haben. Trigger können uns eine ganze Menge lehren – und die Trigger, denen wir während unseres Trauerprozesses begegnen, sind keine Ausnahme.

Ein »Trigger« beschreibt eine »psychische Wunde, die sich in einer äußerlichen Reaktion offenbart«. Jemand tut oder sagt etwas, und wir fühlen uns, ohne darüber nachzudenken, gezwungen zu reagieren. Wir schreien, weinen, rennen weg usw. Dabei vergessen wir, dass diese Wunden alt sind. Und wenn wir uns das bewusst machen, wenn wir uns getriggert fühlen, können wir Wege finden, mit diesen überwältigenden Gefühlen umzugehen.

Gibt es bestimmte Gerüche, Orte, Geräusche oder Menschen, die dich an das erinnern, was du verloren hast? Schreib dir eine Liste mit diesen Dingen. Vielleicht sind bestimmte Zeiten im Jahr besonders schwierig für dich – wenn du einen geliebten Menschen verloren hast, könnte der Geburtstag oder Todestag ein Trigger sein. Kenne diese Trigger. Benenne sie. Und bereite dich vor.

Wenn diese Trigger auftauchen, dann bringe dich selbst in die Gegenwart zurück. Erzähle dir selbst eine neue Geschichte – eine Geschichte, in der dein Schmerz im Mittelpunkt steht, ja, aber auch die Möglichkeit, ihn zu heilen. Du kannst verletzt sein, aber du kannst dich auch verändern. Du kannst geheilt sein. Ja, es stimmt: Du kannst geheilt sein!

HÖR AUF, DICH ZU ENTSCHULDIGEN

Jemand, der trauert und der versucht, seinen Verlust zu verstehen, kann das Gefühl haben, sich für einiges entschuldigen zu müssen. Glaubst du, dass du dich für dein Desinteresse gegenüber bestimmten Dingen und Menschen, die du einst geliebt hast, entschuldigen solltest? Oder hast du das Bedürfnis, dich für deine plötzlichen Gefühlsausbrüche zu entschuldigen – oder aber für deine fehlenden Gefühlsausdrücke? Hat sich deine Persönlichkeit oder dein Ich, wie du es von früher kennst, völlig verändert? Möchtest du dich dafür entschuldigen? Du möchtest das Meer der Veränderungen wegentschuldigen, durch das du waten oder besser gesagt schwimmen musst, auch wenn es sich anfühlt, als würdest du ertrinken?

Lass dieses Bedürfnis los. Erlaube es dir selbst, den Wunsch loszulassen, dich dafür zu entschuldigen, dass du als Mensch mit Schmerzen Raum einnimmst und existierst. Willst du die Wahrheit hören? Es gibt absolut gar nichts, wofür du dich entschuldigen musst. Du versuchst, Tiefen eines Schmerzes zu überwinden, den viele überhaupt nicht begreifen können. Dich zu entschuldigen bedeutet, dass du die Verantwortung für das Unbehagen der anderen übernehmen willst. Es bedeutet außerdem, dass du anerkennst, von anderen zu verlangen, dass sie deinen Schmerz anerkennen und dich unterstützen, wenn du dich ihnen öffnest.

Aber die Trauer möchte nicht bemitleidet werden. Sie möchte nur, dass man sie sieht, akzeptiert und mit Mitgefühl behandelt. Und dafür musst du dich nicht entschuldigen. Nein, das musst du auf keinen Fall. Du musst dich für rein gar nichts entschuldigen.

ÜBE DICH IN DANKBARKEIT

Dankbar zu sein – und dich auf die Dinge in deinem Leben zu fokussieren, für die du aufrichtig dankbar bist – kann einer Herkulesaufgabe gleichen, wenn du verletzt bist. Und ganz besonders, wenn dein Schmerz von Trauer und Verlust ausgelöst wurde. Es fühlt sich fast banal an, über die Dinge nachzudenken, die du hast, wenn dein Leben sich plötzlich darum dreht, was du nicht mehr hast. Aber Dankbarkeit ist lebensbejahend, sie schenkt dir neue Lebenskraft. Dankbarkeit kann dich daran erinnern, innezuhalten und achtsam zu sein, aufzuhören, zurückzuschauen oder zu versuchen, die Zukunft vorauszusagen.

Dich daran zu erinnern, was du hast – und dich darüber zu freuen und dankbar zu sein –, kann dir eine neue Sichtweise eröffnen, während du dich auf deiner Trauerreise befindest. Hier findest du ein paar Tipps, wie du dein eigenes Dankbarkeitsritual schaffen kannst, das dir dabei hilft, ein heilender Teil deiner emotionalen Selbstfürsorge zu werden:

1. Starte dort, wo du gerade bist (und fang ganz klein an). Beim Ändern und Aufbauen neuer Gewohnheiten ist es hilfreich, am Anfang so realistisch wie möglich zu sein. Große, weitreichende Veränderungen sind auf Dauer meistens nicht sehr effektiv. Du solltest stattdessen lernen, langsam und vorsichtig neue Dinge in deinen Alltag zu integrieren. Das führt dazu, dass du diese Veränderungen wirklich akzeptierst und sie ein Teil von dir werden können. Beginne damit, jeden Morgen an eine Sache zu denken, für die du dankbar bist. Es kann etwas ganz Kleines sein, wie die Tatsache, dass du aufwachen durftest, ein bequemes Bett hast oder die zarten Sonnenstrahlen dich geweckt haben. Mit der Zeit wirst du lernen, dass diese Dinge ganz und gar nicht klein sind: Sie sind die Bausteine, die deine Sichtweise komplett verändern können.

2. Bringe Struktur in dein Dankbarkeitsritual. Sobald du diese kleinen Schritte der Dankbarkeit begonnen hast, kannst du dazu übergehen, sie besser zu strukturieren. Manche Menschen beginnen so beispielsweise damit, ihr Dankbarkeitsritual aufzuschreiben. Sie schreiben zu Beginn oder am Ende jedes Tages auf, für was sie dankbar sind – entweder in einem Dankbarkeitstagebuch oder in einem einfachen Notizheft. Andere zeichnen Sprachnachrichten auf oder filmen Videos. Wenn eine dieser Vorgehensweisen auch das Richtige für dich ist, kannst du im Laufe der Zeit zurückblicken und die Entwicklung deiner Dankbarkeit erkennen. Diese Entwicklung führt dich zum letzten Tipp ...

3. Ziehe Bilanz und erkenne, wie weit du schon gekommen bist. Es ist ein wichtiger Teil beim Etablieren neuer Gewohnheiten, deinen Fortschritt und deine Entwicklung festzuhalten. Wenn du dir anschaust, was alles passiert ist, während du Dankbarkeit in dein Leben integriert hast, solltest du ein paar Veränderungen bemerken. Nimm dir vor, in regelmäßigen Abständen deinen Fortschritt zu beleuchten, zum Beispiel monatlich oder sogar wöchentlich. Du wirst vermutlich neue Muster erkennen können. Diese Muster werden dich ermutigen und dir auf deiner Trauerreise helfen, indem sie dich daran erinnern, wie dankbar du für alles sein kannst, was du noch nicht verloren hast.

Dankbarkeit in dein Leben zu integrieren braucht Zeit, so wie die meisten anderen Gewohnheiten auch. Aber du kannst Tag für Tag auf deiner Dankbarkeit aufbauen und so erkennen, wie viele wunderbare Dinge es in deinem Leben gibt.

BEGINNE EINE JOURNALING-ÜBUNG

Tinte auf Papier. Tinte auf Papier. Tinte auf Papier. Schon vor Urzeiten haben Schreiberinnen und Schreiber darüber gegrübelt, wie sie den Mut fassen können, eine leere Seite mit ihren Gedanken, Gefühlen und Träumen für die Zukunft zu füllen.

Das Schreiben kann sich verletzlich und gleichzeitig befreiend anführen. Alle Gefühle, die in deinem Kopf umherschwirren, in eine andere Form zu füllen, kann befreiend sein. Ziehe es also in Erwägung, dem Journaling als unterstützende Methode für deine emotionale Selbstfürsorge eine Chance zu geben.

Es gibt keinen allgemeingültigen Weg beim Journaling oder generell beim Schreiben. Du kannst es so individuell gestalten, wie du möchtest. Das bedeutet, du kannst dir direkt morgens einfach alles von der Seele schreiben, so wie die Künstlerin Julia Cameron es in ihrem Buch »Der Weg des Künstlers« Tausenden von Schreibenden und kreativen Seelen beigebracht hat. Du kannst aber auch eine abstraktere, kreative Form des Journalings wählen, zum Beispiel indem du Sticker und bunte Stifte verwendest, um deine Seite zu gestalten – ähnlich wie beim Scrapbooking oder Bullet Journaling. Du kannst auch ein Audio-Journal erstellen und deine Gedanken und Gefühle aufnehmen und an einem sicheren Ort auf deinem Handy oder Computer speichern. So, wie du alte Einträge nachlesen kannst, kannst du dir hier deine Gedanken erneut anhören.

Egal, für was du dich entscheidest, mach es auf deine Weise. Du brauchst diesen Raum für dich selbst. Du brauchst einen Ort, an dem du all das ausdrücken kannst, was du empfindest, während du deinen Verlust und die Leere in deinem Leben verarbeiten musst. Das Journaling kann ein heiliger, intimer, heilender Raum für dich sein.

Weitere Ideen für deine Journaling-Übung:

- Verwandle die Suche nach deinem perfekten Journal in ein aufregendes Abenteuer. Es gibt so viele verschiedene Arten von Notizbüchern, die du verwenden kannst – von den Klassikern bis zu simplen Notizheften, liniert oder nicht-liniert, die du mit ein paar Materialien aus dem Bastel- oder Künstlerbedarf selbst gestalten kannst.

- Wähle einen täglichen Zeitpunkt für deine Journaling-Übung und halte dich daran. Nein, du musst nicht unbedingt am Morgen schreiben. Auch das Journaling am Abend, bevor du schlafen gehst, kann ein großartiger Weg sein, alles loszuwerden, was dich gerade bewegt.

- Binde andere Gegenstände in deine Journaling-Zeit ein. Gibt es besondere Snacks oder Getränke, die du auf deine Reise mitbringen möchtest? Erschaffe eine Atmosphäre, die möglichst ruhig ist und dich beim Schreiben unterstützt.

Es ist ganz allein deine Zeit und deine Übung. Vergiss das nicht und nimm es dir zu Herzen. Du kannst das Journaling so gestalten, wie es am besten zu dir passt. Es gibt keine Regeln und auch keinen richtigen oder falschen Weg.

Self-Care-Tipp

Neben dem Auswählen eines besonderen Notizbuches für deine neue Journaling-Gewohnheit solltest du dir auch die Zeit nehmen, um den Ort zu verschönern und zu dekorieren, an dem du täglich schreiben willst. Gestalte ihn so, dass er einladend ist und dich inspiriert.

Kapitel fünf

MENTALE SELF-CARE

Selbstfürsorge,
um einen klaren Kopf zu bewahren
und gesunde Bewältigungsstrategien
zu entwickeln

Wenn wir davon ausgehen, dass unsere Gefühle der Ursprung unseres Selbst sind, dann ist der Verstand unser Übersetzer und Verarbeiter, der uns dabei hilft, Sinn zu finden. Wir verlassen uns darauf, dass unser Verstand alles verarbeitet, was wir fühlen, was wir beobachten und was wir erleben, und daraus ableitet, wie wir uns verhalten sollen. Besonders beim Trauern bedeutet das, dass wir vorsichtig sein müssen, was wir uns selbst erzählen, wenn es darum geht, einen Sinn in dem zu finden, was wir verloren haben, beziehungsweise was wir aktuell oder in der Vergangenheit haben durchstehen müssen. Hier kommt die mentale Selbstfürsorge ins Spiel. Bei der mentalen Self-Care geht es darum, Achtsamkeit zu üben, und zwar indem du deinen Gedanken lauschst, während sie aufkommen, dich aber nicht von ihnen abhängig machst oder dich von ihnen gelähmt fühlst.

In diesem Kapitel hast du die Möglichkeit, dich deinem eigenen Verstand auf radikale Weise zu stellen. Und zwar so, dass dein Verstand nicht länger ein Minenfeld aus quälenden »Was wäre, wenn ...«- und »Warum und wieso?«-Fragen ist, sondern ein Ort, an dem du Frieden und Klarheit findest.

Gedanken kommen und gehen, aber du hast das letzte Wort und entscheidest, was bleiben darf und was wieder verschwinden muss. Du hast immer die Wahl. Wenn du die folgenden Übungen anwendest – Übungen zum richtigen Atmen, dem Bewältigen deiner Ängste, dem Setzen kleiner Ziele und dem Erlernen von Achtsamkeit –, dann entscheidest du dich dafür, nicht in den Tiefen deiner Grübeleien und Selbstvorwürfe zu verweilen.

STELLE DEINE WAHRNEHMUNG INFRAGE

Sicher, deine Gedanken sind einfach nur Gedanken, aber manche von ihnen sind verlockender als andere. An manchen klammern wir uns besonders gerne fest. Hier kommen kognitive Verzerrungen, also Denk- und Wahrnehmungsstörungen, ins Spiel.

Falls deine Gedanken seit deinem Verlust vor allem negativ sind, können sich aus ihnen zwanghafte Gedanken entwickeln. Wenn du dich also in einem Gedankenkarussell befindest, das dich daran hindert, das Gute in anderen (oder dir selbst) zu sehen, oder das dich dazu bringt, meistens negative Schlüsse zu ziehen, dann bist du vielleicht ein Opfer dieser verlockenden, aber fehlgeleiteten Gedanken geworden.

Kognitive Verzerrungen sind genau das, wonach es klingt: Dein Gehirn entscheidet sich dafür, die Wahrheit über eine Situation oder ein Ereignis zu verzerren. Bei Trauer und Verlust kann das bedeuten, dass du glaubst, dass du allen egal bist, wenn du nicht die Unterstützung bekommst, die du brauchst. Falls du traurig bist und daran zu knabbern hast, glaubst du möglicherweise, dass sich daran nie etwas ändern wird. Die Wahrheit ist jedoch, dass die Fähigkeit deiner Lieben, dich zu unterstützen, begrenzt ist und du manchmal woanders die Hilfe suchen musst, die du brauchst.

Dir deine Gedanken bewusst zu machen ist der Schlüssel, um diese Wahrnehmungsstörungen herauszufordern. Akzeptiere deine Gedanken nicht einfach nur, sondern beobachte sie auch. Wenn du etwas denkst, dann grüble ein wenig darüber nach. Widme dich dem Gedanken mit Neugier. Wo kommt er her? Hast du dich schon immer so gefühlt? Was könnte der tiefer gehende Ursprung deiner Annahme sein? Warum hat der Gedanke automatisch eine bestimmte und implizierte Bedeutung? Oft entstehen kognitive Verzerrungen durch Trigger und alte Verletzungen. Vergangene Lebenserfahrungen haben für dich eine Wirklichkeit geschaffen und deine Gedanken haben sich verändert, um sich dieser Wirklichkeit anzupassen. Dazu löst Trauer noch große Verlustängste aus. Ein Verlust kann außerdem dazu führen, dass du alles infrage stellst, was du in der Vergangenheit bereitwillig akzeptiert oder gewusst hast, beispielsweise über das Thema Vergänglichkeit. Das sind schwierige und komplexe Probleme, mit denen du dich gleichzeitig auseinandersetzen musst.

Aber diese Verzerrungen, diese Unwahrheiten und automatischen Gedanken sind Zeichen der Vergangenheit. Sie stehen nicht symbolisch für die Gegenwart oder die Zukunft. Sie stellen die Heilung dar, die folgen muss, sowie neue Entscheidungen, die du treffen kannst. Du kannst dich für andere Gedanken entscheiden. Und du kannst dich dafür entscheiden, deine Gedanken als harmlose Schlussfolgerungen zu sehen, die zwar aufgetaucht sind, aber nicht bleiben müssen. Du kannst dich dafür entscheiden, sie zu verwerfen. Du kannst dich dafür entscheiden, bewusst und entschlossen neue positive und optimistische Gedankengänge zu entwickeln, die Platz für Grautöne lassen. Die Entscheidung liegt letztendlich bei dir. Für was wirst du dich entscheiden?

STELL DICH DEINEN ÄNGSTEN

Ein Aspekt der Trauer, von dem seltener die Rede ist, sind die Ängste, die deine Heilungsversuche beeinflussen können. Die amerikanische Autorin Claire Bidwell schrieb im Jahr 2018 ein Buch namens »Anxiety: The Missing Stage of Grief« (»Ängste: Die übersehene Phase der Trauer«) über genau dieses Thema. In ihrem Buch spricht sie darüber, dass Trauernde in vielerlei Hinsicht nicht auf die Zeit nach ihrem Verlust vorbereitet sind oder auf die Ängste, die typischerweise mit den Versuchen, ihr neues Leben zu meistern, einhergehen. Ängste sind fesselnd, denn sie können dir vortäuschen, dass sie der Wahrheit entsprechen, dass deine Erfahrungen real und nicht eingebildet sind oder einer verzerrten Logik folgen. Wenn es um einen Verlust geht, ist es wichtig, die Ängste beim Namen zu nennen: Sie sind eine Folge von Reaktionen auf ein Trauma, auf eine Angst, auf eine ungewollte Situation und folglich der Versuch, dich zu schützen. Benenne deine Ängste, wenn sie auftauchen, um die Kontrolle über sie zu erlangen. Du kannst dich deinen Ängsten stellen. Du kannst sie bewältigen, statt dich von ihnen herunterziehen zu lassen, wenn sie auftauchen.

Hier findest du ein paar Vorschläge, wie du dich deinen Ängsten stellen kannst:

- Schau dir genauer an, wie du Ängste erlebst. Wie fühlen sie sich körperlich und mental an? Sobald du festgestellt hast, in welcher Form sich Ängste bei dir zeigen – egal ob körperlich (Herzklopfen, feuchte Hände, Kurzatmigkeit, etc.) oder mental (vielleicht fühlst du dich zerstreut, benebelt oder dir fehlt es an Klarheit) –, kannst du damit beginnen, einen Plan zu entwickeln, wie du sie bewältigen kannst.

- Teste verschiedene Bewältigungsstrategien. Es gibt eine Vielzahl von Bewältigungsstrategien für Ängste, je nachdem, was du brauchst: tiefes Atmen, der Austausch mit vertrauten Menschen, Akupressur oder Aromatherapie. Suche dir verschiedene Ansätze online raus und teste so viele von ihnen wie möglich, um herauszufinden, was für dich am besten funktioniert.

- Such dir professionelle Unterstützung. Falls du bemerkst, dass die Dinge noch immer aus dem Ruder laufen (oder sich zumindest so anfühlen), obwohl du dich bemühst, mit deinen Ängsten umzugehen, solltest du darüber nachdenken, dir ärztlichen Rat und Unterstützung einzuholen. Egal, ob ihr über verschreibungspflichtige Medikamente gegen Angstzustände sprecht, über Nahrungsergänzungsmittel oder über andere Veränderungen an deinem Lebensstil – ein Experte kann dir dabei helfen, einen geeigneten Plan zu entwerfen und umzusetzen, der zu dir und deiner medizinischen Vorgeschichte passt.

Es gibt Wege, um deine Ängste zu überwinden. Aber du musst sie dir zunächst bewusst machen und herausfinden, wie sie sich im Zusammenhang mit deiner Trauer zeigen.

ZIEH EINE TRAUERBEGLEITUNG IN ERWÄGUNG

Es ist gar nicht so einfach, unsere Lieben um Hilfe zu bitten, und das Gleiche gilt auch für professionelle Hilfe. Wenn wir trauern, ist es oft notwendig, dass wir mehr tun müssen, als uns um unsere Selbstfürsorge zu kümmern und uns Unterstützung aus unserem engeren Umfeld zu holen. Manchmal brauchen wir einfach mehr: ein freundliches, unvoreingenommenes, offenes Ohr in Form einer ausgebildeten Spezialistin. Eine Therapie zu machen oder eine Trauerbegleitung in Anspruch zu nehmen ist eine Möglichkeit, die Arbeit an unserer Heilung weiterzuführen. In einer guten therapeutischen Beziehung haben wir den Raum und die Zeit, um unsere Verluste aufzuarbeiten und unsere Trauer auf eine gesunde Art und Weise, die auf unsere persönlichen Bedürfnisse zugeschnitten ist, zu verarbeiten. Die Realität ist nämlich, dass ein Verlust und wie sich Trauer ausdrückt, etwas sehr Persönliches ist. Keine zwei Menschen trauern gleich – nicht einmal, wenn sie denselben Verlust erlebt haben.

Frage diejenigen in deinem Familien- und Freundeskreis, von denen du weißt, dass sie einen Verlust erlebt und sich an einen Trauertherapeuten gewandt haben, ob sie eine Empfehlung für dich haben. Du kannst natürlich auch online suchen, dich an die Terminservicestelle der Kassenärztlichen Vereinigung (in Deutschland) wenden oder direkt an deine Krankenkasse. Eine Überweisung von deinem Hausarzt- oder deiner Hausärztin ist übrigens nicht nötig. Lass deinen Therapeuten oder deine Therapeutin wissen, dass du eine Trauertherapie benötigst.

WERDE MITGLIED EINER TRAUERGRUPPE

Trauernde sprechen dieselbe Sprache: die Sprache des Verlusts. Aus diesem Grund können Trauergruppen unglaublich hilfreich sein. Viele Trauernde wissen, wie einsam man sich fühlen kann, wenn man mit einem plötzlichen oder auch einem vorhersehbaren Verlust konfrontiert wird. Andere Menschen in deinem Umfeld, egal wie sehr sie sich bemühen, wie lieb oder einfühlsam sie sind, können es einfach nicht nachvollziehen. Was also tun? Finde deine Leute! Finde Menschen, die mit den gleichen existenziellen Fragen ringen. Menschen, die so erschöpft sind wie du und die ebenfalls einen Sinn in ihrem neuen, unerwünschten Leben suchen. Finde sie und suche ihre Nähe.

Suche online, um eine Trauergruppe in deiner Nähe zu finden. Viele gemeinnützige Organisationen und religiöse Einrichtungen bieten Gesprächskreise an.

Meistens sind diese Gruppen nach der Art des Verlusts aufgeteilt, beispielsweise für verwaiste Eltern, für Hinterbliebene nach einem Suizid oder für Menschen, die Probleme haben, sich im Meer der vielen Veränderungen im Leben über Wasser zu halten. Der Sinn einer Trauergruppe ist der gemeinsame Austausch und das gemeinschaftliche Heilen.

Das Trauern und Verarbeiten eines Verlusts fand noch nie in Einsamkeit statt. Seit Beginn der Zeit haben die Menschen gemeinsam mit anderen getrauert. Wir haben uns auf die Stärke und den Kummer von anderen gestützt, um den Mut zu finden, selbst weiterzumachen. Das ist auch jetzt nicht anders. Finde deine Leute. Triff dich mit ihnen. Tauscht euch aus und weint zusammen. Finde Heilung in der Gemeinschaft Gleichgesinnter.

NUTZE TRAUER-COMMUNITIES
UND ONLINE-RESSOURCEN

Du bist nicht allein. Auch wenn es sich vielleicht so anfühlt – mitten in der Nacht, wenn die Trauer nach dir greift und dir dein Verlust unvorstellbar erscheint. Du bist nicht allein. Es gibt Menschen, die dich und das riesige Ausmaß der Trauer und des Verlusts verstehen. Ähnlich wie eine Trauergruppe können dir auch Trauer-Communities online einen Ort geben, an dem du dich mit anderen austauschen kannst, die ebenfalls die Sprache der Trauer sprechen.

Ein großer Teil unseres Lebens findet mittlerweile online statt. Wir verbinden uns mit Familie, Freunden, Kollegen und Nachbarn online durch E-Mails und Whatsapp, auf Facebook, Twitter oder Instagram. Nutze die Kraft von Onlineverbindungen für dich. Verwende sie als Werkzeug, um dich deiner Trauer zu stellen und dich weniger allein zu fühlen. Es gibt zahlreiche Orte online, an denen du suchen kannst.

Wenn du online nach Trauer-Themen suchst, wirst du auch auf verschiedene Websites, Blogs und Foren stoßen. Auf vielen Seiten kannst du persönliche Geschichten finden, aber auch praktische Einblicke und Ratschläge. Hier wird auch oft thematisiert, wie man mit dem Wunsch, sich von anderen zu isolieren, umgeht, wie man denjenigen vergibt, die einen verletzt haben, und wie man damit klarkommt, dass sich persönliche Beziehungen nach einem Verlust verändert haben.

Mittlerweile gibt es auch verschiedene Podcasts zum Thema Trauer. Hier werden oft liebenswerte, persönliche und verletzliche Themen geteilt, in der Hoffnung zu vermitteln, dass Trauer ein normaler Teil des Lebens ist.

Wenn du auf Instagram suchst, wirst du ebenfalls Therapeuten oder andere Spezialisten finden, die sich auf das Thema Trauer spezialisiert haben. Und natürlich wirst du auch ganz normale Leute finden, die eine Online-Community rund um Trauer und Verlust aufgebaut haben.

In ihren Posts sprechen sie häufig über alles, was dir im Laufe eines Trauerprozesses begegnen kann. Diese Posts sind so gestaltet, dass sie gut verständlich sind. Sie sollen auch diejenigen erreichen, die vielleicht nicht direkt nach Trauerunterstützung suchen.

Du bist nicht allein. Es gibt Orte, wohin du dich wenden kannst. Menschen, die dir zuhören. Suche dir online die besten Seiten raus, bei denen du auf deiner Trauerreise Unterstützung, Zuflucht und Verständnis finden kannst. Am Ende dieses Buches findest du eine Seite mit einigen spezifischen Vorschlägen. Nutze sie als Leitfaden und Sprungbrett, um die Hilfe, Unterstützung und Gemeinschaft zu finden, die du brauchst.

LERNE STRESSBEWÄLTIGUNG

So wie Ängste einen großen Einfluss auf unser Leben haben können, kann auch Stress langatmig und kräftezehrend sein. Stress beeinflusst unseren Schlaf und führt dazu, dass wir unruhig schlafen und somit nicht wirklich ausgeruht sind. Stress kann dazu führen, dass wir uns wie benebelt fühlen und nicht mehr klar denken können. Wenn wir gestresst sind, können wir nicht mehr optimal arbeiten. Natürlich ist Stress ein natürlicher und normaler Teil des Lebens und die meisten von uns begegnen ihm täglich. Zu akzeptieren, dass Stress auftauchen kann – und diesem Stress geradewegs ins Gesicht zu blicken, während er mit unserem Alltag kollidiert –, ist der erste Schritt, um auf gesunde Weise mit ihm umzugehen.

Wenn wir gestresst sind, weil wir uns plötzlich an unsere Trauer anpassen müssen und daran, was sie für uns bedeutet, ist das ein doppelter Schlag: Wir müssen uns dann neben unserer Trauer auch noch um unseren Stress kümmern. Ein gutes Stressmanagement ist deshalb entscheidend. Stressbewältigung kann als Sammlung von Methoden definiert werden, die mit den Höhen und Tiefen umgeht, die das Leben üblicherweise mit sich bringt. Es ist wichtig anzumerken, dass Stressmanagement eben genau das ist – du managest deinen Stress. Wenn wir es so betrachten, wird impliziert, dass Stress zwar zum Leben dazugehört, du aber Möglichkeiten hast, ihn zu minimieren, damit du nicht untergehst oder die Fähigkeit verlierst, mental aufzublühen. Deinen Stress zu managen wird so zu einer Form von Self-Care.

Hier sind ein paar Vorschläge zur Stressbewältigung:

- Gib Aufgaben an andere ab.

- Wenn du dich überfordert fühlst, atme erst mal tief ein.

- Lass den Drang los, alles kontrollieren zu wollen.

- Lass kleine Ärgernisse los.

- Vermeide es, deinen Terminplan zu überladen.

- Gestehe dir die aktuellen Grenzen deiner Denkkraft ein.

- Bitte um Hilfe oder Unterstützung.

- Halte inne und überlege, ob etwas wirklich das Richtige für dich ist, bevor du direkt zusagst.

- Bleib deinen persönlichen Grenzen treu und mache keine Kompromisse.

- Sag Nein, ohne dich zu rechtfertigen.

- Brich große Aufgaben in kleinere Teilaufgaben herunter.

- Gib dir selbst genügend Zeit, um Aufgaben langsamer anzugehen.

- Sieh Stress als vertrauten, tröstlichen Zustand an, statt dich chronisch ausgebrannt zu fühlen.

Ja, Stress ist ein Teil des Lebens, aber wenn du dich richtig um ihn kümmerst, kannst du eine Atempause finden und einen Ort, an dem du etwas bewirken kannst, auch wenn vieles außerhalb deiner Kontrolle liegt.

AKZEPTIERE, DASS DEINE PSYCHE MÜDE IST

Brain Fog, auch als Gehirnnebel bekannt, ist sehr real. Trauern ist harte Arbeit und sie ermüdet dein Gehirn. Wenn wir einen Verlust erleben, arbeitet unser Gehirn auf Hochtouren und versucht verzweifelt zu verstehen, was passiert ist. Etwas, das zuvor eine konstante Präsenz in unserem Leben war, ist jetzt nicht mehr da. Und das, obwohl wir zuvor davon ausgegangen sind, dass es beständig ist. Unser Gehirn hatte sich an die Sicherheit dieser Person oder Sache geklammert. Und jetzt, im Angesicht eines Verlusts, schaltet unser Gehirn auf Turbo, um diese neue Realität zu akzeptieren. Hier kommt Brain Fog ins Spiel.

Dein Körper ist in dieser Zeit erschöpft und deinem Gehirn geht es genauso. Du wirst bemerken, dass alltägliche Aufgaben – sogar die einfachsten von ihnen – dich plötzlich viel mehr Energie kosten als zuvor. So viel Energie sogar, dass du dich vielleicht dafür entscheidest, sie nicht auszuführen.

Das gilt auch für das Pflegen deiner persönlichen Beziehungen: Wenn es irgendeine Form von Fehlkommunikation mit einer anderen Person gibt und es sich anfühlt, als wäre es zu schwierig, das Missverständnis zu lösen, wirst du dich dafür entscheiden, es einfach sein zu lassen. Das bedeutet nicht, dass es dir egal ist. Es bedeutet nur, dass du gerade nicht die mentalen Kapazitäten hast, um diese Art von Konflikt zu lösen. Das ist okay und völlig normal.

Akzeptiere, dass deine Psyche müde ist, dass dein Gehirn am laufenden Band damit beschäftigt ist, kognitiv zu verstehen, was dein Verlust bedeutet. Akzeptiere das und gönn dir eine Pause. Schenke dir selbst die Nachsicht, die du schmerzlich verdient hast.

SCHREIB DIR ZUR ERINNERUNG LISTEN

Vergesslichkeit ist ein Nebeneffekt des Gehirnnebels, den du, meistens in den ersten neunzig Tagen deiner Trauer, erlebst. Dein Kurzzeitgedächtnis ist quasi nicht mehr vorhanden. Dein Langzeitgedächtnis ist möglicherweise komplett verschwunden. Es ist nicht ungewöhnlich, dass du dich in diesen ersten neunzig Tagen an wenig erinnern kannst. Möglicherweise fällt dir auf, dass du in dieser Zeit sogar Dinge vergisst, die dir immer besonders wichtig waren.

Wenn es um Trauer geht, gibt es unzählige Dinge, an die wir uns erinnern. Wir erinnern uns daran, wo wir gerade waren, als wir zuerst von unserem Verlust erfahren haben. Wir erinnern uns daran, wie herzzerreißend und unglaublich diese Neuigkeiten waren. Wir erinnern uns daran, dass wir in diesen ersten Sekunden, Minuten, Stunden, Tagen und Wochen wie benebelt waren. Wir erinnern uns an die Tränen, die wir in den Momenten vergossen haben, in denen wir kurz innehielten und in denen uns plötzlich wieder bewusst wurde, was wir verloren haben. Unser Gehirn erinnert sich an all diese Dinge.

Aber um die Erinnerungen an den Menschen oder die Sache zu bewahren, die wir verloren haben, sortiert unser Gehirn die unwichtigeren Dinge aus. Die alltäglichen Dinge wie der Ort, an den du deine Autoschlüssel gelegt hast oder an welchem Tag du deine Stromrechnung bezahlen musst oder wann du einem lieben Menschen zum Geburtstag gratulieren musst – all diese Dinge werden über Bord geworfen, wenn du dich durch den Nebel der Trauer kämpfst. Schreib also eine Liste. Schreib mehrere Listen. Schreib Listen, um dich an die alltäglichen Dinge zu erinnern.

Self-Care-Tipp
Du kannst deine Listen auf Notizzettel, Haftnotizen oder in deinen Terminplaner schreiben. Aber teste auch mal verschiedene Apps auf deinem Handy oder Tablet. Das ist eine tolle Möglichkeit, um ganz einfach Listen zu erstellen und zu nutzen.

BINDE AFFIRMATIONEN IN DEINEN ALLTAG EIN

Wenn man sie richtig anwendet, können Affirmationen eine transformierende Wirkung haben und mehr sein als ein arroganter Weg, dich selbst zu ermutigen. Wenn du negative und belastende Gedanken bekämpfen willst – die es zur Genüge gibt, wenn man einem Verlust begegnet –, sind sie außerdem ein Ausdruck von mentaler Selbstfürsorge.

Was sind Affirmationen? Meistens handelt es sich um Wohlfühl-Sätze, die dir dabei helfen, deinen Kopf mit guten Gedanken zu füllen. Meistens formulierst du diese Sprüche oder Sätze so, dass sie auf das zutreffen, was du gerade brauchst. Und dann wiederholst du sie so oft wie möglich. Das kann bedeuten, dass du sie immer wieder in ein Notizheft schreibst oder sie dir selbst im Laufe des Tages leise vorsagst. Oder auch beides – was auch immer dich am meisten anspricht.

So kannst du Affirmationen als Weg der Heilung in dein Leben einbauen, wenn du Trauer und Verlust begegnest:

1. Stell die richtigen Fragen. Von was könntest du gerade mehr in deinem Leben gebrauchen? Brauchst du Ermutigung? Bestärkung? Positivität? Herzlichkeit? Formuliere deine Affirmationen mit diesem Hintergrundwissen.

2. Formuliere deine Affirmationen so, dass sie sagen, was sie sagen sollen. Das bedeutet, dass du sie von Herzen schreibst, aber auch gut strukturierst. Lass dich von Songs, Büchern und Freunden inspirieren oder von etwas anderem, das dir aussagekräftig erscheint. Wenn du Quellen nutzt, die dich inspirieren, wirst du vermutlich feststellen, dass die Worte besonders nachhallen.

3. Verpflichte dich zu Wiederholungen und Entschlossenheit. Die Affirmationen selbst werden keine Veränderungen in dir auslösen, du musst ihnen auch die Macht dazu geben. Es hilft, die ausgewählten Worte so oft aufzuschreiben oder zu wiederholen, bis du spürst, wie sie in dir nachhallen und sich etwas in dir verändert. Es kann außerdem hilfreich sein, die Worte aufzuschreiben und sie zu Hause an einem gut sichtbaren Ort aufzuhängen.

4. Beobachte, wie sich deine Seele und die Dinge in deinem Leben durch diese bloßen Worte verändern. Beobachte, wie du selbst ermutigt wirst und dich weniger hoffnungslos fühlst. Beobachte, wie sich dein Verhältnis zur Trauer verändert. Vielleicht stellst du fest, dass du deine Trauer nicht länger verachtest und dir nicht länger wünschst, dass sie einfach verschwindet, und stattdessen realisierst, dass sie so lange da sein wird, wie du sie brauchst und bis du bereit bist, weiterzumachen. Beobachte, wie du dich selbst durch die Kraft und Konzentration auf deine Affirmationen völlig veränderst.

Es liegt eine Kraft in deinen Worten und eine Kraft in der Art, wie du mit dir selbst sprichst. Affirmationen sind ein Weg, um diese Kraft zu nutzen.

PLANE EINE TRAUERAUSZEIT

Denk mal an deine letzte wundervolle Reise zurück. Erinnere dich an die Zeit, die du in das Planen deiner Aktivitäten investiert hast – die Restaurants, in denen du essen wolltest und die Unterkünfte, die du gewählt hast, weil sie Ruhe und Entspannung ausstrahlten. Vielleicht hast du deinen Flug voller Vorfreude Monate im Voraus gebucht. Wende dieses Konzept auch bei deiner Trauer an: Plane eine »Trauerauszeit«, eine kleine Flucht, die Balsam für deine trauernde Seele sein soll.

Das Reisen kann Lebensfreude in unser Leben zurückbringen. Wenn es um unsere mentale Gesundheit geht, kann ein Ortswechsel Wunder wirken, unsere Stimmung heben und dabei helfen, dass wir uns wieder hoffnungsvoll und energiegeladen fühlen. Vor allem ist es auch eine Möglichkeit, unseren Trauerprozess und die Art, wie unser Verlust uns geprägt hat, aus einer anderen Perspektive zu sehen – fernab von unserem alltäglichen Leben.

Manchmal ist es genau das, was wir brauchen – eine Auszeit vom Alltag, dem wir wie ferngesteuert nachgehen – eine Auszeit, die uns erlaubt, unsere Schwachpunkte wieder klar und deutlich zu erkennen. Vielleicht hast du dich auf eine Art der Trauerbewältigung gestützt, bei der sich herausstellte, dass sie mehr schädlich als heilend ist. Wenn du verreist bist und weit weg von deiner Komfortzone, gibt es keine Ablenkungen. Dir wird plötzlich bewusst, mit welchen ungesunden Bewältigungsstrategien du dich selbst betäubt hast. Weil du dir dessen jetzt bewusst bist, kannst du eine Möglichkeit finden, dein Verhalten zu ändern, wenn du wieder zu Hause bist.

Diese Auszeit erlaubt es dir außerdem, Ruhe zu finden. Für eine Weile musst du nicht tapfer wirken, weil deine Lieben sich um dich sorgen. Einen Ort zu haben, an dem du dich voll und ganz erholen kannst, kann die Erschöpfung lindern, die entsteht, wenn du ständig nachsichtig mit allen anderen sein musst. Stattdessen kannst du dir die Zeit und den Raum schenken, dich einfach nur auf dich selbst zu fokussieren – ohne Ablenkungen.

Self-Care-Tipp

Wenn du eine Trauerauszeit planst, bedenke auch, welche Art von Reisen du bevorzugst. Magst du besonders gerne Abenteuer, Luxus, Genuss, Wellness, Kunst, Sport, Natur oder Geschichte? Stelle deine Leidenschaften bei der Planung deines Reiseziels und deiner Aktivitäten in den Mittelpunkt.

ACHTE DARAUF, WIE DU MIT DIR SELBST SPRICHST

Beobachte für ein paar Tage, wie du mit dir selbst redest. Schreib in einem Notizheft oder in deinen Handynotizen auf, was dir aufgefallen ist. Wie hört sich deine innere Stimme an? Ist sie bekräftigend, warm und liebevoll? Oder ist sie harsch, streng oder sogar herablassend? Ist der Tonfall einfühlsam und sanft oder laut und forsch?

Die Trauer verlangt von uns einen sanfteren Weg, mit uns selbst umzugehen – einen sanfteren Weg, um achtsam mit unserer Psyche umzugehen sowie mit den Gedanken, die kommen und gehen, und wie wir mit uns selbst sprechen, wenn diese Gedanken auftauchen. Wenn du strenger als nötig zu dir selbst bist, was vermutlich der Fall ist, musst du dir selbst den Raum geben, dir das einzugestehen. Vielleicht ist es für diejenigen, die dir nahestehen und dich unterstützen, zu schwierig geworden, deinen Verlust mit auszuhalten und zu tragen. Vielleicht hast du deshalb diese Gefühle verinnerlicht und zwingst dich dazu, deinen Verlust abzuhaken und weiterzumachen, und das, obwohl du in deinem Trauerprozess noch gar nicht so weit bist.

Wenn du beobachtest, wie du mit dir selbst sprichst, wenn du dir dessen bewusst bist, dann kannst du deine innere Stimme und deinen Tonfall dir selbst gegenüber ändern. Du kannst deinen Ton liebenswerter und anerkennender klingen lassen und weniger verurteilend. Du kannst dir die Bestärkung, die du so dringend benötigst, selbst schenken.

SETZ DIR KLEINE, ERREICHBARE ZIELE

In dieser neuen Phase deines Lebens, in diesem neuen Leben – in dieser Zeit, die sich so anders anfühlt als dein altes Leben – ist alles anders. Sogar du. Besonders du.

Stell dir einen Verlust wie Dunst vor: vergänglich, manchmal unsichtbar oder zumindest mit dem bloßen Auge nicht sichtbar für die meisten von uns. Aber ein Verlust hat die Fähigkeit, alles zu durchdringen, mit dem er in Kontakt kommt. Er lässt die Dinge für immer verändert zurück. Was auch immer du verloren hast – ob einen Menschen, eine Beziehung, ein Haustier, einen Job, eine alte Karriere oder einen Traum –, du wirst nie mehr die oder derselbe sein. Das ist okay. Sag dir selbst, dass das okay ist. Und lass aus dieser Akzeptanz eine neue Lebenseinstellung werden. Beginne mit Zielsetzungen. Nutze den folgenden Leitfaden, um dir neue Ziele zu setzen und so auf deiner Reise der Heilung voranzukommen:

1. Beginne klein. In einer Zeit, in der sich alles in deinem Leben mit hoher Geschwindigkeit verändert und du dich an diese Veränderungen anpassen musst, können dich große Sprünge entmutigen. Setze ein kleines Ziel, zum Beispiel etwas so Simples wie jeden Tag etwas für deine mentale Gesundheit zu tun.

2. Setze realistische Ziele. Darauf zu hoffen, den Tag ohne Weinen zu überstehen oder innerhalb eines Monats für einen Marathon zu trainieren, wird dir wenig helfen. Kenne deine Grenzen. Folge ihnen.

3. Sei nicht zu streng mit dir selbst, wenn du dein Ziel nicht beim ersten Anlauf erreichst. Schenke dir selbst Mitgefühl. In dieser schwierigen Zeit wirst du nicht alles auf Anhieb hinbekommen. Deine Bemühungen und die Tatsache, dass du es überhaupt probierst, zählen genauso.

Auch kleine Ziele sind gute Ziele. Einen Schritt nach dem anderen zu tun ist keine kleine Sache. Feiere auf deinem Weg jeden Sieg.

LEGE EINEN ORDNER FÜR SCHÖNE DINGE UND ERINNERUNGEN AN

Sich an den schönen Dingen festzuhalten ist nicht einfach. Wenn du trauerst, wenn deine Verluste sich Stück für Stück auftürmen, braucht es unglaubliche emotionale Stärke und Tapferkeit, um das Gute zu sehen. Tatsächlich sind so viel emotionale Stärke und Tapferkeit gefragt, dass die Entscheidung, sich am Guten festzuhalten, für viele Menschen einfach auf der Strecke bleibt. Du versuchst immerhin einfach nur zu überleben. Du versuchst dein Leben neu auszurichten, und zwar so, dass es nicht von den Verlusten bestimmt wird, die deine alte Realität zertrümmert und die dich traurig und einsam zurückgelassen haben.

Aber es ist eine bewusste Entscheidung, sich auf das Gute zu konzentrieren und die kleinen Freuden zu schätzen. An diesen Vorsatz und an dieses Vorgehen musst du dich immer und immer wieder erinnern, auch wenn es sich albern anfühlt. Das ist besonders wichtig, wenn du trauerst, denn in deinen schlechten Momenten – wenn es am bequemsten wäre, dich zurückzuziehen – brauchst du einen Rettungsanker, der dein Leben etwas stabilisiert und erhellt. Etwas, das warm und schön und tröstend ist. Eine Möglichkeit, diesen Rettungsanker zu erschaffen, ist es, eine mentale Akte anzulegen mit guten Dingen und all deinen schönen Erinnerungen, besonders mit solchen, die etwas mit deinem Verlust zu tun haben. Wenn du dir diese hellen Momente regelmäßig in Erinnerung rufst, ist es einfacher für dich, immer wieder nach ihnen zu greifen.

Hier sind ein paar Vorschläge für dich, wie du dieses abstrakte Konzept zu etwas Greifbarem machen kannst:

- Suche positive und ermutigende Textnachrichten, E-Mails und Social-Media-Posts raus. Mache Screenshots und speichere sie in einem »Glücks-Ordner« auf deinem Handy. Wenn dir jemand eine liebe Nachricht schickt und in dieser schweren Zeit für dich da ist, mache einen Screenshot als Beispiel für einen Moment der Unterstützung, den du erfahren durftest, und speichere ihn in deinem Ordner ab. Schau in deinen Ordner, wenn du eine Aufmunterung oder eine Erinnerung daran brauchst, dass du anderen etwas bedeutest und du nicht völlig allein mit deiner Trauer bist.

- Nimm Gegenstände in die Hand, die gute Laune machen. Flugtickets, Konzerttickets oder ausgedruckte Fotos – sammle alles in einer Kiste und beschrifte sie entsprechend. So entsteht ein weiterer Ort, an dem du nach Erinnerungen an das Schöne suchen kannst.

- Sammle Gegenstände, die dich besonders an die Person erinnern, die du verloren hast (falls es bei deinem Verlust um einen Menschen geht). Wenn du deine Person ganz besonders vermisst und dich mit ihr verbinden willst, wirst du diese Kiste gut gebrauchen können. Gegenstände, die du geschenkt bekommen hast oder die deinem Menschen gehört haben, können eine warme Erinnerung daran sein, dass du ihre oder seine Präsenz für immer in deinem Leben spüren kannst.

Dir selbst in Erinnerung zu rufen, dass man dich nicht vergessen hat und dass es dort draußen Unterstützung für dich gibt, während du deine Trauer verarbeitest, ist harte Arbeit. Aber es ist Arbeit, die ermutigend ist und die dir dabei hilft, weiterzumachen.

Dass unsere Gedanken ein Schlachtfeld sind, ist eine uralte Metapher. Sie hat außerdem einen wahren Ursprung. Wenn wir uns die Kraft unserer Gedanken zu eigen machen und unseren Verlust akzeptieren, können wir uns selbst von seinen Ketten befreien.

Die große Wahrheit, der du dich jetzt stellen musst, ist die Tatsache, dass du dich für immer verändert hast. Dein Leben hat sich für immer verwandelt. Die Trauer ist in dein Leben eingedrungen und hat alles verändert zurückgelassen.

Du hast etwas oder jemanden verloren – oder auch dein altes Ich, das du sehr geschätzt hast. Du kannst das ignorieren. Du kannst deinen Kopf mit stumpfsinnigen Aktivitäten füllen und dich mit diesen mentalen Ablenkungen betäuben. Wenn du den Schmerz deines Verlusts in dir aufsteigen spürst wie heißer Wasserdampf in einem Teekessel, kannst du deine Aufmerksamkeit auf etwas anderes richten. Du kannst dich selbst schützen, indem du auf Vermeidung setzt. Aber an irgendeinem Punkt wird der Druck in deinem Inneren zu groß. Und alles in dir wird einknicken. Du wirst einknicken und in die Knie gehen.

Das tut weh. Es tut sogar unglaublich weh. Etwas zu besitzen und dir dessen sicher zu sein, es mit dir herumzutragen und zu wissen, wer du bist, weil es in deinem Leben existiert, ist eine mächtige Gewissheit. In dieser Gewissheit liegt Sicherheit. Es fühlt sich furchterregend an, wenn du jetzt deinem Verlust gegenüberstehst und den vielen Leerstellen, die vielleicht nie mehr vollständig gefüllt sein werden.

Verlust ist in der Tat verstörend. Wenn wir unsere Verluste verarbeiten und uns mit unserer Trauer auseinandersetzen, werden wir dazu gezwungen, der Ungewissheit in die Augen zu blicken. Wer sind wir jetzt überhaupt noch? Wer sind wir jetzt in diesem neuen Leben, in dem wir plötzlich weniger haben, als es vor Kurzem noch der Fall war? Wer ist die Person, zu der wir uns nach diesem Verlust entwickeln? Du wirst die Antworten nicht finden, wenn du nicht ehrlich bist. Ehrlichkeit bedeutet, dass du einsiehst, dass es Dinge gibt, die du lernen musst, Weisheit, die du erlangen musst und Wahrheiten, mit denen du dich vertraut machen musst. Nicht heute. Vielleicht auch nicht morgen oder nächste Woche ... aber irgendwann.

Wenn du den Schmerz eines Verlusts mit deinem Wunsch, deiner Entschlossenheit und deinem Mut zu heilen ausgleichst, dann werden diese Wahrheiten zum Vorschein kommen.

Stell dich der Form deines Verlusts. Erkenne seine Farbe und wie er sich im Laufe der Zeit verändert. Kenne seine Stimme und seine schlechten Angewohnheiten – eben all seine Facetten.

Mach dich mit deinem Verlust und der Fülle an Gedanken und neuen Sichtweisen vertraut, die dir begegnen werden, wenn du offen für Ehrlichkeit bist.

Sei es und tu es!

Verlust und Veränderung umspielen sich, kollidieren und knallen aneinander. Verlust und Veränderung sind das Gleiche und doch sind sie ganz unterschiedlich – ein Schmelztiegel ewiger Verwirrung. Aber sie sind hier und du bist es auch. Deine Anwesenheit bietet dir eine Chance – die Chance zu wissen, zu sein und zu tun. Wirst du die Chance ergreifen? Wirst du aufrichtig sein? Wirst du den Schmerz zulassen, den du über die jetzige Situation empfindest, damit du heilen kannst?

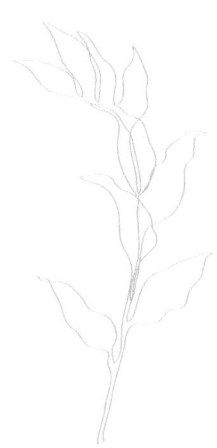

PROBIERE DIGITALEN MINIMALISMUS

Es gibt natürlich viel Gutes über die meisten Social-Media-Plattformen und Online-Quellen zu sagen – vor allem darüber, wie sie uns mit anderen Menschen verbinden. Aber es ist dennoch keine schlechte Idee, mithilfe von gesundem Menschenverstand und dem Setzen von Grenzen eine gesunde Balance zu halten und so unnötigen Stress zu vermeiden. Hier kommt digitaler Minimalismus ins Spiel! Er ermutigt dich dazu, dein digitales Leben, so weit wie möglich und so oft wie möglich, zu vereinfachen. Nutze den folgenden Leitfaden, um digitalen Minimalismus zu praktizieren:

1. Schaue nach, welche Apps du auf deinem Handy selten verwendest. Welche Apps hast du in den letzten zwei Wochen gar nicht benutzt? Diese Apps wandern buchstäblich in den digitalen Papierkorb.

2. Lösche doppelte und unnötige Fotos. Du hast vermutliche Hunderte Screenshots von Gegenständen oder Informationen, von denen du dir gesagt hast, dass du sie irgendwann einmal gebrauchen könntest und sie später anschauen wirst. Du kannst die überschüssigen Fotos löschen, mit denen du nicht zufrieden warst.

3. Denk darüber nach, deine Bildschirmzeit zu reduzieren. Fühlst du dich häufig ausgelaugt oder überfordert, nachdem du online warst, obwohl es sich zunächst gut angefühlt hat, dich mit anderen Leuten zu verbinden? Das ist ein Zeichen dafür, dass du deine Zeit online so reduzieren solltest, dass sie sich gut anfühlt, dich aber nicht müde macht und mental erschöpft zurücklässt.

Reduziere also deine digitalen Inhalte, damit du dich in dieser schwierigen Zeit durch möglichst wenig mühsam durcharbeiten musst.

Self-Care-Tipp

Damit du deine Online-Zeit besser im Griff hast, kannst du eine App oder Handyfunktion verwenden, die deine Bildschirmzeit überwacht oder auch einschränkt.

FINDE FREUDE

Unser Gehirn und unsere Psyche so zu trainieren, dass sie nach Freude Ausschau halten, ist eine Übung, bei der es sowohl um Zurückhaltung als auch um Selbstmitgefühl geht. Trauer kann schnell zu Selbstgeißelung führen. Du redest dir selbst ein, dass dein Schmerz gerechtfertigt ist. Du sagst dir, dass Reue, Erleichterung, Wut und jedes andere düstere Gefühl, das du gerade empfindest – ganz abgesehen von deinen benebelten Gedanken – dir nur recht geschehen. Du hast es verdient, weil du menschlich bist und es gewagt hast, einen anderen Menschen zu lieben – oder eine Sache oder einen Traum oder ein anderes Lebewesen. Du hast es verdient, weil du es gewagt hast, lebendig zu sein und dein Leben so sehr zu lieben, dass jeder Verlust einer Katastrophe gleicht.

Aber du kannst gegen diese Negativität ankämpfen und gegen die Sehnsucht, dich auf den Schmerz zu konzentrieren. Und zwar indem du Freude suchst. Du kannst dein Gehirn neu verknüpfen und so umschulen, dass es nach dem Glück sucht und somit zur treibenden Kraft wird, während du heilst und deinen Verlust einordnest.

Suche die kleinen und großen Freuden! Lass dein Gehirn, deinen Verstand, deine Seele – dein gesamtes Selbst – darüber nachdenken und sich darauf fokussieren. Freude kann alles sein, was sich gut anfühlt, gut schmeckt oder was dich beruhigt. Freude kann heilend sein. Freude kann gesund sein. Freude kann ein Weg zu aufbauender, erfrischender, lebensspendender und bewusstseinsverändernder Selbstfürsorge sein.

ENTWICKLE EINE ROUTINE FÜR DEINE MENTALE GESUNDHEIT

Es gibt eine Redewendung, die besagt: »Gesundheit ist unbezahlbar.« Und das macht Sinn, oder? Schließlich führt schlechte Gesundheit dazu, dass wir weniger Energie haben, um uns auf alle anderen Bereiche unseres Lebens zu konzentrieren. Wir wissen mit Sicherheit, dass wir kognitiv eingeschränkt sind, wenn wir trauern und wenn wir darüber nachdenken, was unser Verlust für uns bedeutet. Wir wissen außerdem, dass es lebensverändernd sein kann, wenn wir uns mithilfe von Selbstfürsorge angemessen um unseren Verstand kümmern. Studien haben gezeigt, dass regelmäßige Rituale unsere mentale Gesundheit verbessern können, da sie Strukturen schaffen, die es leichter machen, die Höhen und Tiefen zu bewältigen. Könntest du auch eine Routine für deine mentale Gesundheit gebrauchen, auf die du dich stützen kannst, selbst wenn du deine Trauer bereits hinter dir lassen konntest? Finde es im folgenden Quiz heraus. Umkreise »Ja« oder »Nein« als Antwort auf die jeweilige Aussage:

1. Ich fühle mich zerstreut und so, als würde ich an den meisten Tagen nichts schaffen.
   Ja / Nein

2. Meine Stimmung ist wechselhaft und schwankt sehr im Laufe des Tages.
   Ja / Nein

3. Ich fühle mich oft außer Kontrolle, als hätte ich keine Macht darüber, wie meine psychische Verfassung meine Stimmung beeinflusst.
   Ja / Nein

4. Der Nebel meiner Trauer beherrscht meine mentalen Fähigkeiten.
   Ja / Nein

5. Ich verfalle oft in Grübeleien und meine Trauer fühlt sich überwältigend an.
   Ja / Nein

6. Ich habe festgestellt, dass mein Gemütszustand meine Beziehungen negativ beeinflusst.
Ja / Nein

7. Die Tage fühlen sich endlos, nutzlos und hoffnungslos an.
Ja / Nein

Wenn du vier oder mehr dieser Aussagen mit Ja beantwortet hast, könntest du in der Zeit deiner Trauer sicher von einer Routine für deine mentale Gesundheit profitieren. Im Folgenden findest du ein paar Vorschläge, wie du deine eigene Routine entwickeln kannst:

- Finde heraus, zu welcher Tageszeit du besonders häufig eine mentale Aufmunterung gebrauchen könntest. Mache dein Selbstfürsorgeritual zu dieser Tageszeit zu einer Priorität.

- Frag Freunde, Familie oder Kollegen nach Ideen, die ihnen geholfen haben. Frag vor allem diejenigen, von denen du weißt, dass auch sie damit zu kämpfen hatten, dass ihre Trauer sie psychisch beeinflusst hat.

- Sei realistisch. Ein enger Terminplan ist für dich vielleicht gerade schwer durchführbar. Fokussiere dich stattdessen darauf, täglich so viele Rituale und Übungen wie möglich durchzuführen – Meditationen, Atemübungen, Trauertherapie, Trauergruppen, usw.

- Mach vor allem das, was sich richtig für dich anfühlt. Wenn du bestimmte Dinge ausprobierst, wirst du schnell herausfinden, was für dich funktioniert. Wenn du dich energiegeladen, klar und friedlich fühlst, passt es zu dir. Falls du dich stattdessen ausgelaugt fühlst, überarbeite deinen Plan.

Wenn du einen Plan für deine mentale Gesundheit entwirfst, erkennst du an, dass Selbstfürsorge nicht nur eine einzelne Sache ist, sondern die Summe verschiedener Dinge – die Summe vieler kleiner Teile.

BEREITE DICH DARAUF VOR,
IN UNGLÄUBIGKEIT FESTZUSTECKEN

Es gibt einen Moment, in dem dir plötzlich alles klar wird. Einen Moment, der rückblickend der Beginn von allem ist: der Beginn einer Veränderung, der Beginn eines Wechsels, der Beginn des Verlusts. Der Moment, in dem du weißt, dass du am Rande eines großen Abgrunds aus Unsicherheit und lauernder Ungewissheit stehst.

Ungläubigkeit. Diejenigen, die trauern, kennen sie nur zu gut. Es ist der natürliche Zustand derjenigen, die ein vergangenes Leben betrauern, einen Körper, der sich einst vertraut anfühlte und ihr Zuhause war, eine Beziehung, die aus wichtigen oder auch belanglosen Gründen beendet wurde, oder den Tod eines Menschen, den sie sehr schätzten. Ungläubigkeit ist ein Teil der psychischen Reise in Richtung Akzeptanz. Es ist eine Reise, die du antreten musst, während du noch damit kämpfst, einen Sinn in den flüchtigen Gedanken zu finden, die in deinem Kopf umherkreisen.

Gehe davon aus, dass du bei einem Gefühl der Ungläubigkeit ankommst. Gehe davon aus, dass sie eine von vielen Orten ist, die du auf deiner Trauerreise besuchen wirst. Bring alles mit, was du brauchst, um dich hier wohlzufühlen – so wie du es auch bei einer echten Reise tun würdest. Was würdest du brauchen, um dich in einem neuen Zuhause, weit weg von daheim, einzugewöhnen? Was würde du brauchen, damit du dich ein bisschen leichter und wohler fühlst, während du damit ringst, an diesem unbekannten Ort festzusitzen, den du jetzt dein neues Zuhause nennen musst?

Vielleicht musst du etwas mitbringen, das die harten Kanten des Lebens, die durch deinen Verlust entstanden sind, ein wenig abdämpft. Vielleicht benötigst du auch eine Portion mentale Leichtigkeit, die es dir erlaubt, ab und an eine Pause von all der Schwere einzulegen.

Vielleicht brauchst du ein bisschen Mut: Es ist nicht leicht, sich dem zu stellen, was du alles verloren hast, und so geht es den meisten von uns. Mutig und tapfer genug zu sein, um dich mit deiner Ungläubigkeit auseinanderzusetzen und mit allem, was damit einhergeht, ist sowohl eine bewusste Entscheidung, die Engagement für dein eigenes Wachstum zeigt – als auch etwas, wozu du dich manchmal selbst zwingen musst.

Irgendwann wirst du nicht länger ins Vergessen verfallen, sondern wieder leben können, ohne ständig noch einmal alles durchzugehen, was du verloren hast und was einst war. Während du heilst, werden diese Momente auftauchen wie Preise, die es zu gewinnen gibt. Aber bis dahin – bis diese Momente häufiger werden und deine Ungläubigkeit nicht länger deine Gefühle beherrscht – bring mit, was du brauchst. Alles, was du brauchst. Hier brauchst du ausnahmsweise kein leichtes Gepäck.

Hier findest du weitere Vorschläge, um dich auf deine Ungläubigkeit vorzubereiten:

- Akzeptiere die mentale Erschöpfung, die die Ungläubigkeit in dir auslöst, während du dich an deinen Verlust gewöhnst.

- Stelle fest, was Ungläubigkeit für dich bedeutet, und nimm ihr somit den furchterregenden oder unbegründeten Einfluss, den sie auf deine Trauer hat.

- Deute dein »Feststecken« in Ungläubigkeit um und sieh es als einen nötigen Zwischenstopp an, den du nicht überspringen kannst.

- Sei dir sicher, dass es nicht immer schrecklich ist, festzustecken.

Ungläubigkeit ist ein vorübergehender mentaler Zustand. Akzeptiere sie in diesem Sinne und gib dir selbst den Raum, um deine Ungläubigkeit zu verarbeiten, bis sie irgendwann verschwindet.

ÜBE DICH IN ACHTSAMKEIT
UND UNEINGESCHRÄNKTER PRÄSENZ

Was bedeutet es eigentlich, achtsam zu sein und Achtsamkeit und Präsenz zu leben? Wie schaffen wir das, während wir trauern und unser Verlust uns immer bewusster wird?

Achtsam mit unserer Trauer umzugehen bedeutet nicht nur, uns offen mit unseren Verlusten auseinanderzusetzen, sondern auch präsent zu sein für alles andere in unserem Leben. Es bedeutet, sich zu trauen, sich dafür zu entscheiden und zu versuchen, präsent zu sein, auch wenn wir uns danach sehnen, in eine Zeit zurückzureisen, in der unsere Verluste noch nicht geschehen sind. Es bedeutet auch, präsent zu bleiben, obwohl wir am liebsten die Zeit vorspulen würden und verzweifelt darüber nachdenken, wie unsere Welt aussehen wird – in unserem neuen Leben nach dem Verlust.

Aber hier, in der Gegenwart, warten Geschenke auf dich. Achtsam zu sein und sich dafür zu entscheiden, im Hier und Jetzt zu bleiben, ist ein Versprechen an dein zukünftiges Ich. Achtsamkeit bedeutet, dass du aufmerksam beobachten kannst, wie dein Verlust dich verändert. Es bedeutet, mehr Bewusstsein in die Momente zu bringen, in denen du über die Vergangenheit oder Zukunft grübelst, und dich dafür zu entscheiden, bewusst zu atmen und einfach zu fühlen, was du gerade fühlst.

Mit Achtsamkeit kannst du die Lücke zwischen deinem alten Ich und dem neuen Ich, das durch Trauer und Verlust gerade entsteht, überbrücken.

Jeder von uns muss wissen, wer er ist. Das ist eine wichtige Aufgabe.

LEGE BEWUSST EINE MENTALE PAUSE EIN

Dein müder Kopf ist kein Ort, an dem du dich erholen kannst. Dein trauerndes Herz ist eine schwere Last. Der heimtückischste Teil der Trauer ist vor allem das Chaos, das es in unserem Kopf und mit unserer Seele anrichtet. Ein Verlust gaukelt uns oft falsche Tatsachen vor. Deshalb müssen wir besonders vorsichtig mit unserem Verstand umgehen, während wir tapfer mit unserem Leben weitermachen, bis irgendwann der Gehirnnebel sich über uns ausbreitet. Er trübt unser Urteilsvermögen und unsere Fähigkeit, rational zu denken. Vergiss deinen geistigen Scharfsinn – er hat sich an einen weit entfernten Ort verabschiedet, den du erst mal nicht erreichen kannst.

Aber es gibt etwas, was du tun kannst. Du kannst bewusst Zeit und Raum schaffen, um deinen Verstand zur Ruhe kommen zu lassen und deine umherschweifenden Gedanken zu beruhigen. Gönne deinem Kopf, der mit Gedankenspielen, Horrorszenarien und dem Schmerz deines Verlusts gefüllt ist, eine Auszeit. Gönne dir eine Pause von den Sorgen der Welt.

Nimm dir eine Auszeit von deinem Job. Von deinem Leben. Von deinen Gedanken. Von deinen Grübeleien. Vom Überdenken. Von deiner Reue. Von deiner Wut. Nimm dir eine Auszeit. Lass deinen Kopf, deinen Verstand und deine mentalen Ängste ruhen. Lass sie sich an einen ruhigen und stillen Ort zurückziehen. Und wenn du so weit bist, wenn du dich mit deiner inneren Ruhe verbunden hast, sammle dich wieder und lass dich von der Leichtigkeit leiten.

LEITE DEINE MENTALE ENERGIE
IN EINE ANDERE RICHTUNG

Leg eine Kehrtwende ein. Verändere deinen Fokus. Richte deine Prioritäten neu aus. Mach eine Pause, um nachzudenken. Die westliche Kultur ist stolz darauf, dass man sich Zeit nimmt nachzudenken und die Zeit für sich arbeiten lässt, um eine neue Sicht auf das zu bekommen, was in unseren Köpfen umhergeistert. Falls dich alles, was es zu überdenken gibt, mental belastet, kann das auch eine hilfreiche Strategie sein, was die Trauer betrifft.

Ein Verlust verstößt gegen jede Logik, ob wir es akzeptieren wollen oder nicht. Etwas oder jemanden zu verlieren – oder unser mentales, physisches oder emotionales Wohlbefinden, das uns einst am Herzen lag – ist nichts, was wir einfach so verstehen können. Wir erwarten, dass das, was wir in unserem Leben haben, auch eine ganze Weile bleiben wird. Wir verlassen uns darauf, um uns sicher zu fühlen. Es kann uns aus der Bahn werfen, wenn das Gegenteil eintritt und wir vor dem Nichts stehen, das uns hinterlassen wurde. Wir ringen damit, das Warum zu verstehen.

Die Wahrheit ist, dass es keine einfachen Antworten gibt oder überhaupt irgendwelche Antworten, um unseren Verlust zu erklären. Während wir versuchen zu akzeptieren, dass sich unser Leben für immer verändert hat, zieht die Trauer ein. Erlaube dir selbst, deine mentale Energie in eine andere Richtung zu leiten. Wenn du bemerkst, dass du zu viel Zeit mit Gedankengymnastik verbringst und grübelst, dann ermahne dich sanft, bevor du einen mentalen Rückwärtssalto schlägst.

Leite deine Energie um. Denke an etwas anderes. Bestärke dich selbst darin und beobachte, wie das Geschenk der Leichtigkeit bereits auf dich wartet, wenn du es gerade ganz besonders brauchst. Du kannst diesen Prozess mit Unbeschwertheit füllen, um dir den Druck zu nehmen, indem du alles aus einem anderen Blickwinkel betrachtest, indem du es dir erlaubst zu lachen und dich daran erinnerst, dass nicht immer alles gefährlich ist.

SAG JA ZU DEN RICHTIGEN DINGEN

Du hast es schon unzählige Male gehört: »Nein ist ein ganzer Satz.« Nein kann eine harte Grenze sein, eine rote Linie, der Beginn einer persönlichen Revolution. Zu lernen, Nein zu sagen – und dieses Nein auch durchzusetzen, ohne Bedenken oder Zögern –, ist für viele Trauernde bahnbrechend. Umgekehrt kann es aber genauso bahnbrechend sein, Ja zu sagen.

Ein Verlust macht uns bewusst, wo wir nicht länger mitmachen wollen – was sich nicht länger tragbar oder sogar umsetzbar anfühlt.

Ja zu sagen ist die andere Seite der Medaille. Es ist unglaublich wichtig, zu den Dingen Ja zu sagen, die dich erfüllen, anstatt zu den Dingen, die dich auslaugen. Deine Energiereserven – emotional, physisch und mental – sind bereits deutlich erschöpft, sie sind fast auf die Hälfte reduziert, wenn nicht sogar noch mehr.

Erhalte und erneuere deine mentale Energie. Sag Ja zu allem, was dir etwas zurückgibt, was aufrichtig ist oder was dich erfüllen könnte. Sag Ja dazu, über deinen Verlust nachzudenken und darüber, welche Auswirkungen er wirklich auf dich hat, ohne ihn zu beschönigen. Sag Ja dazu, deinen Geist zu beschützen und zu kontrollieren, was du in deinen Gedanken zulässt und welchen Dingen du dich selbst aussetzt. Sag Ja dazu, darüber nachzudenken, was ein glücklicher Gemütszustand für dich bedeuten könnte. Sag ja zu Chancen, dich besser um dich selbst zu kümmern und diese Fürsorge in Zukunft auch anderen zu schenken, die trauern oder sich auf ihrer Reise durch einen Verlust befinden. Sag Ja zu einem besseren Hier und Jetzt und zu den großartigen Dingen, die auf dich warten. Sag Ja!

ZEICHNE EINE KARTE DEINER TRAUER

In den letzten Jahren waren Ausmalbücher für Erwachsene der letzte Schrei. Sie sind bewährte Entspannungshelfer und können letztendlich als meditative Übung verwendet werden. Indem du dich auf das Ausmalen konzentrierst und die Formen und Muster auf einem Blatt Papier ausfüllst, erlaubst du dir selbst, präsent zu sein und gibst deinen Sorgen die Möglichkeit, für eine Weile zu verschwinden.

Es wirkt beruhigend, zu zeichnen und deine Hände zu verwenden, um kreativ zu sein. Deine Energie zu nutzen, um eine Karte deiner Trauer zu zeichnen, folgt diesem Prinzip.

Trauerkarten sind natürlich keine buchstäblichen Landkarten deiner Trauer oder deines Verlusts. Sie sind auch keine Zeitverläufe, die detaillierter beschreiben, wie dein Verlust dich beeinflusst hat. Denke stattdessen mal zurück an deine Kindheit: Erinnerst du dich an Wort-Assoziations-Karten, die man in der Schule erstellt hat? Man beginnt mit einem Wort in der Mitte, das im Inneren eines Kreises steht, und zieht dann Linien, um dieses Wort mit anderen, untergeordneten Wörtern in kleineren Kreisen zu verbinden. Dann verbindet man diese Wörter mit weiterführenden, umkreisten Wörtern und so weiter. Wenn man fertig ist, entsteht so eine Galaxie aus scheinbar zusammenhangslosen Ideen und Konzepten, die miteinander verbunden sind. Aber Achtung: Diese Übung erfordert radikale Ehrlichkeit von dir selbst.

Hier findest du ein paar Tipps, um deine eigene Trauerkarte zu erstellen:

1. Schreibe deinen Verlust in die Mitte deiner Karte. Denk dran, dass wir in diesem Buch über eine Vielzahl von Verlusten sprechen, die nicht nur auf den Tod eines geliebten Menschen begrenzt sind. Benenne deinen Verlust, sprich ihn laut aus, schreib ihn dann auf und umkreise ihn mit deinem Stift.

2. Stelle anschließend Verbindungen zu deinem Verlust her. Das können sekundäre Verluste sein – Dinge, die du als Auswirkung deines großen Verlustes verloren hast. Es können auch Gefühle oder Tätigkeiten sein, die aufgrund deiner Trauer entstanden sind. Umkreise alles und verbinde die Kreise so, wie es für dich Sinn ergibt. Wenn du möchtest, benutze farbige Buntstifte, Filzstifte oder Wachsmalstifte, um deine Wörter oder Kreise auszumalen. Du kannst auch den Hintergrund deiner Karte ausmalen oder mit Wasserfarben einfärben.

3. Lass deine Karte wachsen und führe sie weiter. Zensiere dich nicht selbst und unterdrücke nicht die Worte, die ganz natürlich und intuitiv auftauchen, während du deine Karte erstellst. Sieh sie als mentale Führung durch das an, was Trauer mit deinem Geist gemacht hat.

Wenn du fertig bist, besitzt du ein Labyrinth aus Worten, Gedanken und Gefühlen, die zusammenfassen, wie deine Reise durch die Trauer für dich ausgesehen hat. Du hast ein paar dieser Dinge von dir geworfen und sie auf dem Papier freigelassen. Jetzt bist du bereit, dir selbst die Erlaubnis zu geben, dich leichter zu fühlen. Und das ist auch der Sinn dieser Übung: dir selbst den Raum und die Worte zu geben, um auszudrücken, was durch deinen Kopf schwirrt, und somit auf deinem Weg der Heilung so etwas wie Frieden, Ruhe und Bedeutung zu finden.

MACHE ATEMÜBUNGEN

Hast du schon mal darauf geachtet, wie du atmest? Wenn wir aufgeregt oder frustriert sind, sagt unser Atem einiges aus. Atemzüge, die normalerweise tief und gleichmäßig sind, werden flach und unregelmäßig. Fehlender Schlaf und flache Atemzüge lösen Panik in unserem Nervensystem aus und führen somit dazu, dass wir jeden Sinn von Ruhe verlieren. Wie wir atmen – und wie wir mit Triggern umgehen, die uns begegnen –, ist entscheidend bei der Reaktion oder Antwort auf die Erfahrungen, die wir machen. Wenn uns Verlust und Trauer fest umschlingen, sind Atemübungen ein zentrales Hilfsmittel, um ein Gefühl der Balance zu erhalten.

Atemübungen sind eine uralte Kunst, bei der Atemzüge dazu verwendet werden, deine Angriff-oder-Flucht-Reaktion, die oft durch Trigger oder andere Reize ausgelöst wird, in eine friedliche und ruhige Reaktion zu verwandeln. Die Trauer kann voller Landminen der Erinnerungen stecken: ein Hauch des Parfums, das der geliebte Mensch getragen hat, als er noch am Leben war; ein flüchtiger Blick auf das Haus in deiner alten Nachbarschaft, aus dem du liebevoll ein Zuhause gemacht hast und das du zurücklassen musstest; das Stolpern über Zettel oder Zeichnungen eines Traums, den du loslassen musstest. Diese Erinnerungen an deinen Verlust sind zahlreich und überall. Die Möglichkeiten, in Panik zu geraten, sind es deshalb auch.

Beginne mit deinem Atem. Eine Art des Atmens ist die 4-7-8-Atmung. Das Schöne an dieser Atemübung ist, dass du sie überall und jederzeit durchführen kannst, wann auch immer du dich überwältigt fühlst und ein Gefühl der Ruhe gebrauchen kannst. Atme für 4 Sekunden tief durch die Nase ein. Halte dann deinen Atem für 7 Sekunden an und zähle leise für dich mit. Atme schließlich langsam für 8 Sekunden durch deinen Mund aus. Wiederhole die Übung so lange, bis du dich wieder ausgeglichen fühlst.

Die Wechselatmung ist eine weitere Form der Atemübung, die du verwenden kannst, wenn du dich durch deine Trauer lethargisch fühlst und dein Gehirnnebel sich ausbreitet. Diese Atemübung ist gar nicht schwer: Wechsle beim Atmen einfach ab, durch welches Nasenloch du atmest. Halte das jeweils andere Nasenloch mit deinem Finger zu. Wenn du beispielsweise durch dein linkes Nasenloch ein- und ausatmest, dann halte dein rechtes Nasenloch mit deinem rechten Daumen zu. Diese Atemtechnik schenkt dir neue Energie, Scharfsinn und einen besseren Fokus.

Die Vier-Quadrat-Atmung (auch als Box-Breathing bekannt) ist eine weitere gute Übung. Die Quadrat-Atmung ist eine vierteilige Technik, die sich darauf fokussiert, die Konzentration zu verbessern und Stress zu mindern, zwei Dinge, die bei Verlust und Trauer sicher hilfreich sind. So funktioniert es: Du erschaffst ein »Quadrat«, indem du zuerst für vier Sekunden durch deine Nase einatmest, dann hältst du für vier Sekunden die Luft an, anschließend atmest du für vier Sekunden durch deinen Mund wieder aus und zu guter Letzt ruhst du dich für vier Sekunden aus.

Jede dieser Techniken ist einfach durchzuführen und auszuprobieren. Wenn du feststellst, dass sich Atemübungen in deinem Werkzeugkasten der Selbstfürsorge als hilfreich erweisen, kannst du sie auch noch weiterführen. Es gibt Atemübungstrainer, die dir noch weitere Techniken zeigen können.

Self-Care-Tipp

Du kannst deine Atemtechniken auch weiter üben, indem du an einem zertifizierten Kurs teilnimmst. Viele Meditationszentren bieten Online-Kurse an, die du gemütlich zu Hause und in deinem eigenen Tempo durchführen kannst.

VERMEIDE GROSSE VERÄNDERUNGEN

Ein Verlust führt oft dazu, dass wir alles hinterfragen. Wenn du etwas verlierst, was dir sehr wichtig war, kannst du nicht einfach die Leere vergessen, die dein Verlust hinterlässt. Du wirst jeden Tag – jeden Moment – daran erinnert, was du verloren hast und dass es unmöglich ist, es zu ersetzen. Dein Leben komplett zu ändern, wird dir vielleicht wie ein willkommenes Heilmittel erscheinen. Wieso solltest du einfach ausharren, wenn das Leben, das du einst kanntest, für immer verdunkelt ist? Du redest dir selbst ein, dass ein Neustart Linderung und Abstand von deinem rauen Schmerz bieten würde.

Aber das ist weit von der Wahrheit entfernt. Das Adrenalin, das dir ein »Neuanfang« schenkt, verdeckt nur, dass du von deinem Schmerz davonläufst. Wie das alte Sprichwort so schön sagt: »Du kannst nicht vor dir selbst davonlaufen.« Du kannst auch nicht vor deiner Trauer davonlaufen. Die Trauer muss ausgehalten, bezeugt, verarbeitet, gefühlt und als Möglichkeit gesehen werden, dein Leben und das, was aus dir geworden ist, mit brutaler Ehrlichkeit zu sehen.

Vermeide es also, in den ersten Jahren nach deinem Verlust drastische Veränderungen zu machen. Das wird dir vielleicht unmöglich erscheinen oder als eine übervorsichtige Aufforderung, aber es ist das Beste für dich. Es werden noch viele Jahre in deinem Leben kommen, in denen du weitermachen und das einbeziehen kannst, was sich aus deiner Trauer herauskristallisiert. Aber jetzt solltest du erst mal mit deinem Verlust verharren. Schenke ihm deine volle Aufmerksamkeit. Dein Herz wird dir später danken.

Kapitel sechs

SPIRITUELLE SELF-CARE

*Selbstfürsorge,
um einen spirituellen Mittelpunkt
in deinem Leben zu schaffen,
der dich unterstützt*

Der Kern dessen, was uns als Menschen ausmacht, liegt in unserer Seele. In diesem Sinne bedeutet Spiritualität nicht unbedingt Religion, auch wenn die Religion für manche ein wichtiger Teil der Seele sein kann und die Werte prägt, die einen ausmachen. Spirituelle Selbstfürsorge bedeutet vielmehr, sich um den unvergänglichen Teil von uns selbst zu kümmern, während wir die Verluste in unserem Leben betrauern. Wenn wir unser spirituelles Leben in den Blick nehmen und den Geist, der tief in unserer Seele weilt, dann lauschen wir der tiefsten und aufrichtigsten Führung, die es gibt. Wir stellen uns der echtesten Version von uns selbst. Einer Version, die frei ist von all der Last, die das Leben und seine Verluste uns bescheren können.

In diesem Kapitel wirst du Aktivitäten finden, die dir dabei helfen können, dich auf dein eigenes spirituelles Leben zu konzentrieren. Das umfasst Atemübungen, um Ängste zu lindern, die auftauchen, während du trauerst, das Bauen eines Altars, um dich mit allen Dingen zu verbinden, die du verloren hast, das Durchführen eines Abschiedsrituals und andere Wege, um dich mit deinem spirituellen Ich zu verbinden. Wie Laotse in seiner Sprüchesammlung, dem Daodejing schrieb: »Auch eine Reise von eintausend Meilen beginnt mit dem ersten Schritt.« Und so ist es auch mit deiner Seele.

PLANE UND FÜHRE EIN ABSCHIEDSRITUAL DURCH

Die Kunst, sich zu verabschieden, ist gesellschaftlich fest verankert. Viele unserer feierlichen Momente sind versteckte Abschiede: Abschlussfeiern, das Verabschieden eines frisch vermählten Paares in die Flitterwochen und Beerdigungen, wenn es traurigerweise um einen Todesfall geht. Sosehr sich diese Bräuche um das physische Loslassen drehen – vorangehen und Abschied nehmen von dem, was nicht mehr länger ist –, sind sie gleichzeitig eine Form psychologischen Heilmittels. Das bedeutet, dass wir gezwungen werden, dem entgegenzutreten, was verschwunden und nicht länger eine Konstante in unserem Leben ist. Ein bewusstes Verabschieden schenkt uns die Erlaubnis, weiterzumachen.

Das zu wissen ist der Kern deines eigenen Abschiedsrituals, das eine Form deiner spirituellen Selbstfürsorge sein kann, während du trauerst. Du solltest dir selbst den Raum schenken, deinen Verlust zu verstehen, und diesen Vorgang mit Mitgefühl und Güte füllen. Es gibt verschiedene Möglichkeiten, wie du ein Abschiedsritual selbst planen und ausführen kannst. Aber das Wichtigste ist, dir selbst treu zu bleiben, und zwar egal, was du planst. Hör auf dein Herz und folge ihm. Was verraten dir dein Herz, dein Geist, deine Seele darüber, was du brauchst, um diesen Verlust zu verarbeiten? Höre zu und handle danach.

Ein mögliches Abschiedsritual ist das Sammeln sämtlicher Andenken, die die Erinnerung an das, was du verloren hast, heraufbeschwören. Sobald du eine gute Sammlung dieser Dinge hast, lege sie in einen Karton oder anderen Behälter. Schenke all den Dingen warme Worte, Liebe und positive Energie, bevor du sie ganz bewusst an einen Ort packst, an dem du sie nicht mehr sehen kannst. Das kann ein Schrank sein, ein Raum, in dem du dich nicht oft aufhältst oder ein ganz anderer Ort. Indem du diese Dinge sammelst und zur Seite packst, erkennst du an, dass die Erinnerungen an das, was du verloren hast, sehr real sind. Indem du diese Erinnerungen jedoch aus deinem täglichen Leben entfernst, schaffst du eine gesunde Trennung.

Eine weitere bewährte Methode des Abschiednehmens ist es, einen Brief zu schreiben. Setz dich dabei zunächst ruhig hin. Hülle dich während dieses Rituals entweder in Stille oder lasse sanfte und beruhigende Musik im Hintergrund laufen. Zünde eine Kerze oder eine Duftlampe an, falls dir das dabei hilft, eine angenehme Stimmung zu schaffen. Dann schreib dir alles vom Herzen. Schreibe so, als würdest du dem Menschen (oder dem Lebensabschnitt) gegenübersitzen, den du verloren hast und den du betrauerst. Halte dich nicht zurück, auch wenn deine Gefühle durcheinander oder verworren sind. Schäme dich nicht, deine Wut, deine Ungläubigkeit oder sogar deine Erleichterung zuzugeben. Trauer ist oft ein Prozess ohne Logik, und bei den Gefühlen, die du möglicherweise hast, ist es genauso. Zuzugeben, was du fühlst, bedeutet, daran zu arbeiten, deinen Verlust besser zu verstehen, ihn weniger zu verurteilen und somit auch irgendwann zu akzeptieren.

ERSTELLE EIN SPIRITUELLES LEITBILD

Leitbilder werden oft von Unternehmen verwendet, um ihre Grundprinzipien zu festigen. Sie können aber auch dazu genutzt werden, unser spirituelles Leben zu steuern und damit auch unsere spirituelle Selbstfürsorge als heilende Methode während unserer Trauer.

Leitbilder folgen meistens einer bestimmten Formel. Man erklärt, was der Fokus des Unternehmens sein soll und welche Bedürfnisse das Unternehmen erfüllen möchte. Nikes Leitbild lautet beispielsweise »to bring inspiration and innovation to every athlete in the world« (Inspiration und Innovation zu jeder Athletin und jedem Athleten in der Welt zu bringen). Auf die gleiche Weise legen spirituelle Leitbilder genau fest, wie dein spirituelles Leben aussehen soll und wie du die nötigen Veränderungen angehen kannst. Ein spirituelles Leitbild könnte zum Beispiel sein: »Ich fokussiere mich auf Frieden, innere Ruhe und Respekt für mich selbst.«

Ein wirksames Leitbild, das uns Heilung in Zeiten der Trauer bietet, nutzt eine stärkende Sprache und zeigt so, wo du eines Tages sein möchtest, wo du auf der anderen Seite der Trauer landen willst. Wenn du dein Leitbild erstellst, formuliere möglichst klar, wo dein spiritueller Weg dich hinführen soll.

Du findest hier ein paar weitere Tipps, um dein eigenes spirituelles Leitbild zu erstellen:

- Beginne mit Adjektiven, die beschreiben, wer du als Mensch bist und was dein spirituelles Naturell ist.

- Kombiniere die Adjektive, um einen »Ich«-Satz zu verfassen, auf dem du aufbauen kannst oder den du anpassen kannst, wenn deine Trauer sich weiterentwickelt und verändert und du etwas anderes brauchst.

- Schreibe deinen Satz in ein Notizheft oder auf einen Zettel, den du an einem gut sichtbaren Ort aufhängst, wo du ihn täglich sehen kannst.

- Wenn du mit dir selbst sprichst, füge diesen Leitsatz immer wieder hinzu, während du deine Trauer verarbeitest.

Spirituelle Leitsätze können eine motivierende Unterstützung sein und dabei helfen, deine spirituelle Stärkung aufzubauen. Beobachte, wie du selbst aufblühst und wie dein Leitsatz – den du dir immer wieder anschauen kannst – dir dabei helfen kann, eine Naturgewalt zu werden. Denn du bist eine Naturgewalt. Du bist eine spirituelle Naturgewalt, trotz der Trauer und Verluste, die du gerade erlebst, und trotz aller, die noch folgen werden.

ENGAGIERE DICH FÜR EINEN GUTEN ZWECK, DER DIR AM HERZEN LIEGT

Trauer kann brutal sein. Aber den Verlust von etwas zu betrauern, was einst ein wichtiger Teil unseres Lebens war, kann vor allem sehr isolierend sein. Egal, wie viel Unterstützung du von deiner Familie und deinen Freunden erhältst, bist du doch ganz allein mit deiner Trauer. Es ist allein deine Erfahrung, die du machen musst. Es kann schwierig sein, diese Wahrheit zu akzeptieren.

Eine Möglichkeit, mit dieser Schwere umzugehen, aber gleichzeitig einen Raum zu schaffen, in dem neue Energie in dein Leben fließen kann, ist es, dich ehrenamtlich zu engagieren. Gibt es ein Anliegen, für das du brennst? Gibt es Organisationen, denen du hier und dort eine Stunde deiner Zeit schenken kannst? Wenn du trauerst, erscheint dir dein Leben plötzlich viel leerer. Dich für einen guten Zweck zu engagieren, kann ein sinnvoller Weg sein, um die Leere zu füllen, die dein Verlust zurückgelassen hat.

Wenn du freiwillig tätig wirst und deine Zeit spendest, kannst du dich vom Schmuddel der Trauer lösen und deinem Kopf eine Pause vom ewigen Grübeln schenken. Du kannst deine Zeit und Energie etwas völlig anderem widmen. Das kann sich befreiend und tröstend anfühlen. Du wirst, wenn auch nur für kurze Zeit, eine andere Person, die nicht komplett von ihrem Verlust gefärbt ist. Du wirst einfach nur jemand, der seine Aufmerksamkeit verschenken will. Sei aber vorsichtig und überlaste dich nicht mit Freiwilligenarbeit, auch wenn es sich gut anfühlt. Du trauerst noch, und deshalb sind deine Möglichkeiten eingeschränkter, als sie zuvor waren. Schon ein wenig Engagement ist mehr als genug, um deiner Seele bei ihrer Heilung zu helfen.

NIMM AN EINEM SPIRITUELLEN RETREAT TEIL
(ODER ORGANISIERE DEINEN EIGENEN)

Manchmal brauchen wir einfach eine Pause. Das gilt besonders für alle, die trauern. Die Veränderungen, die auf einen Verlust folgen, scheinen schier endlos zu sein. Die Erinnerungen an alles, was einst war, überschlagen sich in deinen Gedanken. Eine Auszeit ist dringend nötig, und zwar eine Auszeit für deine Seele. Vielleicht wäre ein spiritueller Retreat deshalb eine gute Möglichkeit für dich.

Es gibt verschiedene spirituelle Retreats, die zu verschiedenen Zeitpunkten im Jahr stattfinden. Viele dieser Auszeiten haben eine religiöse Verbindung und zusätzliche Veranstaltungen, an denen man freiwillig teilnehmen kann, aber nicht muss. Manche spirituelle Retreats haben einen vollen Zeitplan für jeden Tag, während andere eher auf Selbstständigkeit beruhen, was bedeutet, dass du machen kannst, was du möchtest und was dich persönlich anspricht. Manche Retreats sind so ausgelegt, dass sie einen Austausch zwischen den Teilnehmerinnen begrüßen, während bei anderen das Schweigen im Mittelpunkt steht (ja, das bedeutet, dass während des gesamten Retreats nicht gesprochen wird). Es gibt Retreats, die am Wochenende stattfinden und solche, die eine ganze Woche oder länger dauern. Im Internet findest du viele Optionen und kannst so einen Retreat finden, der perfekt zu dir und deinen Bedürfnissen passt.

Wenn es für dich nicht möglich ist zu verreisen, dann kannst du auch deinen eigenen spirituellen Retreat zu Hause organisieren – do it yourself sozusagen. Überleg, welche Dinge dir Trost spenden und ein Gefühl von Entspannung in dir auslösen. Das kann ein Stapel Bücher sein, die du schon lange lesen möchtest, oder das Kochen eines Trostessens. Informiere deine Lieben, dass du einen Retreat, eine Auszeit planst, und dass du für diesen Zeitraum nicht erreichbar sein wirst. Atme aus. Diese Zeit gehört dir.

VISUALISIERE DEIN LEBEN NACH DER TRAUER

Das Visualisieren ist ein starkes Werkzeug des Manifestierens und es kann auch im Zusammenhang mit Trauer hilfreich und heilend sein. Viele Bücher und Ratgeber über Trauer fokussieren sich auf das Weitermachen und das Akzeptieren deines Verlusts. Das Problem dabei ist allerdings, dass der Verlust selbst hier zu kurz kommt. Ein Verlust ist nichts, was man einfach vergisst. Man kann seine Erinnerungen an die guten Zeiten nicht einfach opfern, um weitermachen zu können oder über den Verlust hinwegzukommen. Ein Verlust muss in das eigene Leben eingebunden werden und auch in das Leben, das in Zukunft kommen wird. Er muss zu einem lebendigen Teil dessen werden, was dein Leben jetzt für dich bedeutet.

Fest daran zu glauben, dass es ein Leben nach der Trauer geben wird, ist ein wichtiger Teil der Verarbeitung deines Verlusts. Auch wenn sich das erst mal furchterregend und fremd anfühlt. Es wird eine Zeit kommen, in der dein Verlust nur noch ein Schattendasein fristet und die Energie dessen, was du dir neu aufbaust, deine treibende Kraft wird. Bevor es so weit ist, kannst du dir erträumen und vorstellen, was kommen wird. Du kannst ruhig und still sein und dir vorstellen, wie dein Leben aussehen soll – und was aus dir selbst werden soll.

So wie beim Beginn jeder Meditationsübung solltest du zunächst einen ruhigen Ort finden, wo du gemütlich sitzen oder liegen kannst. Nimm ein paar tiefe Atemzüge durch die Nase, fülle deine Lungen mit Luft und atme dann hörbar durch den Mund wieder aus. Wiederhole das, bis du dich ruhig und präsent fühlst. Schließe dann deine Augen, lege die Hände mit den Handflächen nach oben auf deine Oberschenkel, um zu signalisieren, dass du bereit bist, dir etwas Neues vorzustellen und zu empfangen. Sobald du ruhig bist und deine Augen geschlossen sind, schau dich in deinem Inneren um. Wo bist du? Bist du zu Hause oder bei der Arbeit? Verbringst du gerade Zeit mit Freunden oder der Familie? Bist du allein in der Natur oder mitten in der Stadt, während die Autos an dir vorbeiziehen? Wie fühlt sich die Energie des Ortes an, an dem du dich befindest? Wie fühlst du dich? Lass diese Gefühle über dich wachen und halte dich an ihnen fest.

Jetzt stell dir einen typischen Tag in deinem Leben vor. Beobachte, wie du deine Zeit verbringst, während du dich an den Gefühlen festhältst, die du erforscht hast. Halte dich daran fest, wie sich dein Leben in diesem erfüllten, erträumten Raum anfühlt. Sobald du es geschafft hast, dir das Leben nach deinem Verlust vorzustellen, öffne wieder deine Augen. Was du in dieser Übung siehst und fühlst, ist ein Vorgeschmack. Es ist ein Spiegel der Möglichkeiten, der das reflektiert, was du dir erhoffst, wieder aufbauen zu können. Und es ist ein ewiges Zeichen, dass ein Leben nach dem Verlust möglich ist. Und es muss nicht schlecht sein. Das Leben nach dem Verlust ist einfach nur ein anderes.

FÜHRE EIN ABSCHIEDSRITUAL DURCH

Bäume entstehen aus winzigen Samenkörnern. Ein Samenkorn, ein nährstoffreicher Boden, Sonnenlicht und Wasser bilden gemeinsam die Basis, aus der – mit ein wenig Geduld – etwas wachsen kann. Ein Baum entwickelt sich über Tage, Wochen, Monate und Jahre hinweg zu etwas viel Größerem als das, was er ursprünglich war. Aus seinen Seiten wachsen Äste heraus als Erweiterung des ursprünglichen Setzlings. Und dann wachsen bei den meisten Bäumen Blätter. Im Frühling, wenn das Wetter warm ist und die Tage länger werden, sind diese Blätter zuerst grün.

Wenn sich die Jahreszeiten verändern, wenn der Sommer kommt und die Hitze sich unbarmherzig verbreitet, färben sich die Blätter von einem hellen, sanften Grün zu kräftigen, dunkleren Grüntönen. Dann kommt der Herbst. Die Temperaturen sinken und die frostige Luft wirbelt umher, während die Blätter zu wunderschönen Orange-, Gelb- und Rottönen wechseln. Danach folgt der Winter und die Blätter werden braun, bevor sie von den Ästen zum Boden rieseln. Der Baum musste die Blätter loslassen. Und darin liegt eine wichtige Lektion, die wir auch auf Verlust und Trauer übertragen können.

Verlust beinhaltet Veränderung, und das gilt auch für die Trauer. Während des Trauerprozesses müssen wir unser Leben immer wieder neu anpassen. Das bedeutet auch, das Alte zurückzulassen, uns neu auszurichten und unsere neue Realität tief in unserer Seele zu akzeptieren. Das zu tun ist nicht nur spirituelle Weisheit, sondern auch eine Form von spiritueller Self-Care.

Was wir zurücklassen, ist nicht nur eine einzige Sache – es ist die Summe einer Million Dinge. Es ist eine Sammlung von Momenten, von Erinnerungen, von Dingen, die eine klare und offensichtliche Bedeutung für uns haben. In unserem Herzen ist Platz für alles, was wir zurücklassen müssen, was wir betrauern müssen, was wir vielleicht als Verlust akzeptieren müssen. Zu erkennen, was zurückgelassen werden muss, und es dann auch zu tun, ist möglich. Nimm auf deine Reise Ernsthaftigkeit, Beharrlichkeit und eine glühende Zielstrebigkeit mit.

Nutze die Kunst eines Rituals, um dir dabei zu helfen, das loszulassen, was du loslassen musst, um zu heilen – und um mit ganzem Herzen weiterzumachen.

Führe das folgende Ritual aus, um das zu ehren, was du durch deinen Verlust zurücklassen musst. Finde einen ruhigen Ort, atme ein paarmal tief ein und denke an alles, was du verloren hast und zurücklassen musst. Trauer ist verführerisch. Sie ermutigt uns, uns im Namen von Nostalgie und Trost an das zu klammern, was wir loslassen müssen. Dinge hinter uns zu lassen kann Klarheit und einen Raum schaffen, in dem du dich mit deiner Trauer auseinandersetzen kannst. Nimm dir einen Moment Zeit, um die Schwere von all dem zu fühlen, was du zurücklassen musst. Weine oder schreie, wenn dir danach ist. Atme danach tief ein, so als würdest du dir selbst neues Leben einhauchen.

Jedes Ende, jeder Verlust ist auch ein versteckter Neuanfang. Wenn du so weit bist, wirst du diesen Neuanfang vorantreiben können.

LAUSCHE DER STILLE

Stille Momente willkommen zu heißen kann lebensverändernd sein. Die Antworten und die Klarheit, die dir in der Stille begegnen, sind oft überraschend. Die meisten von uns entscheiden sich nicht bewusst dafür, der Stille zu begegnen. Wir ertrinken im Lärm des Alltags. Wir sind ständig von den Verbindungen und von den Terminen mit anderen abgelenkt. Während wir trauern, ist es jedoch wichtig, so oft wie möglich Stille zu finden, um herauszufinden, was du brauchst – was deine Seele braucht.

Wenn du es nicht gewohnt bist, wird es zunächst schwierig sein, die Stille anzunehmen. Es braucht Übung, Fleiß und Durchhaltevermögen. Wie bei der Meditation ist es auch hier besser, langsam zu beginnen und dich selbst an mehr Inseln der Stille zu gewöhnen. Überleg dir zunächst, zu welcher Tageszeit du am besten für ein paar Minuten eine stille Auszeit nehmen kannst. Vielleicht funktioniert das für dich am besten morgens, wenn du duschst oder durch die Langsamkeit des Morgens schlenderst, wenn du Kaffee oder Tee kochst oder ein Glas Wasser trinkst. Egal, wann es dir am besten passt, sei dir gewiss, dass du die Zeit für diese Übung hast, auch wenn du dich selbst vom Gegenteil überzeugst. Du hast die Macht, dich dafür zu entscheiden.

Diese Übung ist allerdings keine Meditation. Du musst dich nicht auf deinen Atem fokussieren, ein Mantra aufsagen oder irgendetwas anderes Besonderes tun. Du sitzt einfach nur in der Stille und lässt alles so sein, wie es gerade ist. Du sendest ein Signal an deine Seele, dass du gewillt bist, dem zuzuhören, was du hören sollst, und dass du einen Raum dafür frei hältst.

SCHAFFE EINEN SICHEREN ORT NUR FÜR DICH

Das Konzept von Raum – von physischem Raum – ist wichtiger, als man denkt. Es kann dir Energie und Ruhe schenken, einen Raum zum Atmen zu haben, zum Leben und zum freien Entfalten. Wenn es um Trauer geht, ist es viel einfacher, den inneren Raum zu finden, in dem man seine Emotionen verarbeiten, sich ausruhen und mit seinem spirituellen Selbst in Verbindung treten kann, wenn man auch den physischen Raum dafür hat. Erlaube es dir selbst, diesen Raum zu schaffen – einen Raum nur für dich allein, in deinem Zuhause.

Egal, ob du in einer Wohnung oder einem Haus lebst, ob du allein oder mit anderen zusammen wohnst, dieser sichere Raum wird deinem spirituellen Selbst, deinem höheren Selbst signalisieren, dass du tiefer gehen kannst. Hier kannst du in Ruhe sitzen und Antworten finden, die du anderswo nicht finden könntest.

Wenn du dir diesen Raum schaffst, dann wähle sorgfältig Gegenstände aus, die ein Gefühl von Trost und Ruhe in dir auslösen. Das kann bedeuten, dass du deine Möbel umstellst, um eine gemütliche Ecke zu schaffen. Oder du polsterst den Boden mit gemütlichen Kissen, wenn du gerne auf dem Fußboden sitzt. Auch Düfte spielen eine große Rolle. Magst du bestimmte Duftkerzen oder ätherische Öle? Dann integriere auch sie in deinen sicheren Raum.

Die Welt steckt voller Lärm und Ablenkungen. Es gibt unzählige Möglichkeiten, wie du dich von dir selbst entfernen kannst. Während du trauerst, während du dich auf deine Reise zur anderen Seite deiner Trauer begibst, brauchst du deshalb einen sicheren Raum, um wieder mit dir selbst in Verbindung zu treten – um zu heilen und zu verarbeiten.

BEGINNE MIT MEDITATIONSÜBUNGEN

Deine Seele, deine Intuition, will sich mit dir verbinden. Deine Seele möchte dir in dieser schwierigen Zeit Weisheit, Trost und Verständnis schenken. Um diese Verbindung jedoch zu knüpfen, braucht es Entschlossenheit. Und eine Form, Entschlossenheit auszuüben, ist Meditation.

Viele Menschen schrecken vor Meditation zurück, weil sie schwierig erscheint. Der Begriff Meditation beschwört Bilder von stoischen Menschen herauf, die für lange Zeit in völliger Stille dasitzen, bewegungslos und so, als hätten sie ein Level von spiritueller Reife und Weisheit erlangt, das vielen anderen verwehrt bleibt. Meditation kann auf Anfänger einschüchternd wirken, aber das muss nicht so sein. Beginne einfach dort, wo du gerade bist, und baue darauf auf.

Es ist nicht realistisch, dir vorzunehmen, jeden Tag für eine Stunde zu meditieren. So funktioniert das Etablieren neuer Gewohnheiten nicht. Du integrierst eine neue Gewohnheit in deinen Alltag nur, wenn du über einen längeren Zeitraum Schritt für Schritt vorgehst. Du musst dein Gehirn austricksen, damit es etwas Neues zulässt. Du musst dein Bewusstsein neu trainieren, damit es aufblühen kann und du dich wieder geerdet und ausgeglichen fühlst. Beginne damit, einfach nur drei Minuten pro Tag zu meditieren.

Der übliche Weg, um zu meditieren, ist es, aufrecht zu sitzen – mit deinen Füßen auf dem Boden – oder dich entspannt hinzulegen. Schließe deine Augen. Fokussiere dich auf deinen Atem und atme tief durch deine Nase ein und langsam wieder durch deinen Mund aus. Lass alle Gedanken sachte kommen und gehen, bevor du sie wegschiebst. Als Kern dieser Übung solltest du dich bewusst auf deinen Atem konzentrieren. Denk dran: Bei der Meditation geht es nicht darum, perfekt zu sein oder es zu schaffen, an absolut gar nichts zu denken. Du bist menschlich. Während du meditierst, wird deine Trauer in dir aufsteigen. Ihre Macht und Stärke werden über dich hereinbrechen, während du ein- und ausatmest. Begrüße die Trauer mit Mitgefühl und danke ihr, dass sie da ist, denn sie zeigt dir, dass du am Leben bist und fühlst – genau so, wie es sein soll. Und dann lass sie los und kehre zu deinem Atem zurück.

Du solltest wissen, dass diese typische Form der Meditation nicht der einzige Weg ist, zu meditieren. Es gibt viele verschiedene Meditationspraxen, die vielleicht besser zu dir passen. Dinge wie Kochen, Spazierengehen, Malen oder jede andere Aktivität, die monoton ist und deine Aufmerksamkeit erfordert, kann als Meditation funktionieren.

Meditation kann dir dabei helfen, dich ruhig und friedlich zu fühlen, sie kann zu besserem Schlaf beitragen und dir dabei helfen, mehr Achtsamkeit in dein Leben zu bringen. Wenn du meditierst, wirst du zu einem aktiven Teilnehmer in deinem Leben – statt nur ein passiver Beobachter zu sein. Meditiere, um zu heilen, und schau zu, wie es dein gesamtes Leben verändert. Beobachte, wie Meditation dir dabei hilft, eine neue Perspektive dafür zu finden, wie du weitermachen kannst, während du den Schmerz eines Verlusts erlebst.

HEISSE DIE ÜBERGANGSPHASEN WILLKOMMEN

Setze dich an einen ruhigen Ort. Atme tief ein. Schließe deine Augen, wenn du möchtest. Stell dir dann einen langen, dunklen Flur vor. Dort gibt es ein Vakuum der Stille, frei von Bewegungen oder Menschen.

Während du diesen langen, dunklen Gang entlangläufst, fühlst du dich vielleicht erschöpft oder du zögerst, weiterzugehen. Diese Erfahrung, diese Reise, dieses Gehen, fühlt sich trostlos und einsam an. Du bist allein. Du weißt eigentlich, dass dieser lange, dunkle Gang nicht für immer weitergehen kann. An irgendeinem Punkt hat er ein Ende. Aber jetzt gerade läufst du ihn hinab. Du befindest dich in einem Zwischenraum.

Deine Trauer und wie sie existiert ist ein Übergang. Das Konzept der Liminalität, oder der liminalen Räume, wurde vermutlich zuerst vom Ethnologen Arnold van Gennep erörtert. In einem liminalen Raum zu sein – einem Raum, der nicht ganz das ist, wo du zuvor warst und noch nicht ganz das, was auf der anderen Seite deiner Veränderung auf dich wartet – wird oft mit einer spirituellen Suche verglichen. Van Gennep spricht in seinem Werk »Übergangsriten« darüber, dass diese Räume Übergänge sind, die den meisten von uns im Laufe unseres Lebens begegnen, zum Beispiel, wenn wir aus unserem Elternhaus ausziehen, wenn wir heiraten und vieles mehr.

Der Kernpunkt von van Genneps Werk ist, dass wir immer wieder Dinge verlieren, dass uns immer wieder Verluste begegnen, während wir uns verändern und wachsen. Mit diesen Veränderungen und diesem Wachstum geht auch Trauer einher. Wir betrauern, was nicht länger existiert, während wir darauf warten, auf der anderen Seite dessen anzukommen, was jetzt für uns bestimmt ist. Diejenigen von uns, die trauern, wissen das. Wir wissen, dass die Trauer, die wir fühlen und die wir versuchen zu verarbeiten, sehr real ist. Sie ist eine greifbare Sache, und wir müssen unser Leben um sie herum bauen, um zurechtzukommen. Viele von uns haben jedoch das Gefühl, dass man erwartet, wir sollten uns beeilen und weitermachen, um möglichst schnell über unseren Verlust hinwegzukommen – und geraten dadurch ins Stolpern.

Liminiale Räume verlangen aber von dir, eine Weile in einer Übergangsphase zu bleiben und zu akzeptieren, dass du am Ende die andere Seite erreichen wirst, du jedoch etwas verpassen wirst, wenn du deine Entwicklung beschleunigst und versuchst, den Mittelteil zu überspringen.

Du verpasst die Chance, offen und ehrlich die Bedeutung deiner Verluste zu erkunden. Aber nur so kannst du Raum für neue Dinge schaffen, die bedeutungsvoll ihren Platz einnehmen können. Du verpasst es, für deinen Schmerz präsent zu sein und für all die Wege, in denen er sich ausdrückt. Du verpasst die Fürsorge und Unterstützung von dir selbst und anderen. Du verpasst alles. Auch wenn es verlockend sein kann, das alles einfach zu überspringen und die hässlichen, chaotischen, unangenehmen Teile der Trauer zu ignorieren, solltest du in Erwägung ziehen, sie stattdessen alle bewusst zu durchleben.

Denk darüber nach, die Zwischenräume mit offenen Armen anzunehmen und eine Zeit lang in ihnen zu verweilen. Für dich selbst. Für deine Trauer. Für deine Verluste. Bleib in diesem langen, dunklen Korridor, bis du das Licht am anderen Ende sehen kannst und bis du bereit bist, diesem heilenden Licht entgegenzutreten.

FINDE DEINE SPIRITUELLE GEMEINSCHAFT

Die Trauer atmet in der Einsamkeit. Sie erstickt nicht an der Stille oder an der betäubenden Abkopplung von anderen Menschen, wenn wir uns weigern, mit ihnen unseren Kummer zu teilen, um getröstet zu werden. Nein, unsere Trauer wird tiefer und weitreichender, wenn wir uns von anderen abkapseln und wenn wir davon überzeugt sind, aus welchen Gründen auch immer, dass es besser ist, uns zurückzuziehen, um zu heilen. Die Trauer will nicht verändert werden. Sie will einfach nur gefühlt werden. Und gefühlt. Und gefühlt. Deshalb können spirituelle Gemeinschaften während deiner Trauer ein erleuchtender Weg sein, dir Selbstfürsorge zu schenken, indem du mit anderen in Kontakt trittst und dein spirituelles Selbst entdeckst oder pflegst.

Hast du dich schon einmal für eine Konfession oder eine bestimmte Religion interessiert? Hattest du vielleicht früher einen starken Glauben oder Sinn für Spiritualität, der aber durch deine Trauer getrübt wurde? Spirituelle Gemeinschaften können ein unkomplizierter Weg sein, um herauszufinden, was du brauchst. Manche Gemeinschaften treffen sich in kleinen Gruppen zu Gesprächskreisen oder gemeinsamen Abendessen. Andere machen Ausflüge an verschiedene Orte. Die Möglichkeiten sind endlos. Lass dich von deiner Neugier leiten. Lass deinen Wunsch nach Selbstisolation dieses Mal nicht gewinnen.

BAUE EINEN ALTAR, UM DEINE VORFAHREN ZU EHREN

Menschen zu verlieren, die wir lieben, ist unglaublich schwer. Es ist besonders schwer, weil wir diese Art von Verlust nicht in Worte fassen oder kennen können, bis wir ihm selbst begegnen ... wenn wir unseren geliebten Menschen nicht länger anrufen oder ihm oder ihr eine Nachricht schreiben können, wenn wir nicht mehr gemeinsam frühstücken oder zu Abend essen können. Die Leere, mit der wir nie gerechnet haben, wird uns plötzlich allzu bewusst. Diese Erkenntnis ist wie eine schrille Alarmglocke, die wir nicht ausschalten können.

Zu sagen, dass es schwer ist, jemanden zu verlieren, ist beinahe zu einfach. Das Wort »Verlust« geht uns zwar leicht über die Lippen, aber die Wahrheit ist, dass ein Verlust dir den Atem raubt.

Einen Altar in Erinnerung an diejenigen zu bauen, die du verloren hast, ist eine Möglichkeit, um das Gespräch mit deinen Lieben aufrechtzuerhalten und zu verstehen, dass eure Beziehung mit ihrem Tod nicht einfach beendet wurde, sondern sich einfach nur gewandelt hat. Beginne, indem du einen Ort in deinem Zuhause auswählst – am besten einen stabilen Tisch – und auf ihm gerahmte Fotos der Menschen platzierst, die du verloren hast. Füge Kerzen, Kristalle oder frische Blumen hinzu – was auch immer du möchtest. Wenn du magst, kannst du auch ihr Lieblingsessen bereitstellen. Wenn du einen Moment erlebst, in dem du sie ganz besonders vermisst und du dich mit ihren Seelen verbinden möchtest, besuche deinen Altar. Sonne dich in ihrer Liebe. Fühle den Trost, den dir dieser Moment schenkt.

Self-Care-Tipp
Ein paar weitere Ideen für deinen Altar: eine Schale mit ätherischem Öl, weiße Kerzen und wichtige Erinnerungsstücke an deine Lieben.

FÜHRE EIN RITUAL DES ABNABELNS DURCH

Es gibt verschiedene emotionale Bänder, die uns mit all den Dingen verbinden, die uns etwas bedeuten: Menschen, die wir lieben, die Orte, an denen wir uns aufhalten, die Erinnerungen, die uns am Herzen liegen. Diese Bänder, oder auch energetischen Verbindungen, sorgen jedoch dafür, dass wir festgebunden und blockiert sind. Wir müssen diese Bänder durchschneiden, um uns zu befreien und weiterzukommen. Wenn es um Trauer und Verlust geht, ist das umso wichtiger. Abnabelungsrituale können dir dabei helfen, zu heilen, statt weiterhin in deinem Hamsterrad des Grübelns festzuhängen. Eine Anmerkung: Abnabeln bedeutet nicht unbedingt, dass du eine Sache oder Person aus deinem Leben verbannen musst, vor allem, wenn diese Person gestorben oder wenn die Beziehung zu dieser Person quasi beendet ist. Es kann einfach nur bedeuten, dass du deinen energetischen Ballast ausmistest und deine Verbindung zu dieser Person, zu diesem Ort oder zu dieser Sache neu ausrichtest.

Um dieses Ritual zu beginnen, setze dich zunächst gemütlich hin, am besten an einen ruhigen Ort. Schließe deine Augen, atme ein paarmal tief ein und langsam wieder aus. Stell dir dann vor, wie die Person, der Ort oder die Sache, von der du dich abnabeln willst, genau vor dir sitzt. Vielleicht wirst du in diesem Moment von deinen Gefühlen überwältigt. Lass diesen Gefühlen einfach freien Lauf. Sag dieser Person, diesem Ort oder dieser Sache, wie sehr du sie liebst, wie sehr du sie vermisst und dass du ihr nichts übel nimmst. Sag ihr, dass du die gemeinsame Zeit genossen hast und dankbar für alles bist, was sie dir beigebracht hat. Bedanke dich ausführlich bei ihr. Überschütte sie so lange mit Dankbarkeit, bis du das Gefühl hast, fertig zu sein.

Wenn du dich ausreichend bedankt hast, stell dir die Bänder vor, die euch verbinden. Stell sie dir in allen möglichen Formen vor: schmal und dick, kurz und lang. Stell dir vor, wie du diese Bänder zwischen euch beiden langsam trennst, indem du sie sanft auf den Boden vor deinen Füßen fallen lässt. Trenne nach und nach jedes Band mit Zärtlichkeit und Entschlossenheit. In diesem Moment spürst du vielleicht eine Befreiung. Und eine Vergebung.

Wenn das letzte Band fällt und sich das Ritual zu Ende neigt, schenke der Person, dem Ort oder der Sache, die vor dir sitzt, noch ein paar letzte Worte. Sag ihnen, dass du sie liebst und dass die Zeit des Abschieds jetzt gekommen ist. Wenn es sich um eine vergangene Beziehung handelt, wünsche deiner ehemaligen Partnerin oder deinem ehemaligen Partner alles Gute für ihr Leben. Wenn es um einen verstorbenen Menschen geht, sag ihr oder ihm, dass sie für immer in deinem Herzen bleiben werden. Und zu guter Letzt: Bedanke dich bei dieser Person, diesem Ort oder dieser Sache noch ein letztes Mal für die Rolle, die sie in deinem Leben gespielt haben.

Öffne deine Augen. Verweile kurz in diesem Moment. Welche Gefühle haben sich in dir ausgebreitet? Wie fühlst du dich jetzt? Schwerer oder leichter? Einsam oder voller Frieden? Reflektiere für eine Weile oder schreibe in ein Notizbuch, was du fühlst, damit du diesen Moment immer wieder aufsuchen kannst, wenn es nötig ist. Dieses Ritual kann jederzeit wiederholt werden, um dein Heilen und deinen Mut weiterzumachen zu fördern.

Self-Care-Tipp

Spiele sanfte Musik im Hintergrund ab, um die richtige Stimmung für dieses Ritual zu schaffen. Ein gemütliches Kissen, auf das du dich setzen kannst, ist außerdem ideal.

SEI OFFEN FÜR TRAUMBESUCHE

Die Menschen, denen wir erlauben, in unser Leben zu treten und dort zu bleiben, die Orte, zu denen wir uns zugehörig fühlen, die Momente, in denen wir uns ausgeglichen und im inneren Gleichgewicht fühlen – all diese Dinge sind durch den trennenden Charakter eines Verlusts gefährdet. Entweder, weil die Möglichkeit besteht, dass wir sie als Folge unserer Trauer verlieren werden oder weil sie von ihr vollkommen verändert werden. Wenn wir lieben, dann weiß unser Unterbewusstsein, was auf dem Spiel steht. Wenn wir uns ausruhen, während wir trauern – wenn wir schlafen oder unserem müden Verstand, Körper oder Herz eine Pause gönnen –, dann entsteht eine Art Magie. Eine Magie, die sich in Traumbesuchen zeigt.

Geister, Gespenster und dergleichen können sich furchterregend anhören. Es kann unheimlich sein, etwas zu begegnen, was vorgibt, menschlich zu sein, aber in der Kommunikation mit uns eingeschränkt ist. Aber hab keine Angst: Traumbesuche sind einfach nur ein Zeichen, dass eure Seelen miteinander verbunden sind. Sie sind ein Zeichen dafür, dass ein Teil von dir versucht, mit deinem Verlust Kontakt aufzunehmen. Und dass es in deiner Psyche energetische Verbindungen zu etwas gibt, was dir wichtig ist – auch wenn es etwas ist, was du verloren hast.

Traumbesuche können erscheinen, wenn ein geliebter Mensch stirbt. In diesen Träumen kannst du die Person lachen, reden und umherlaufen sehen, als wäre sie noch immer am Leben. Wenn du eine vergangene Lebensphase betrauerst, kann es sein, dass du dich in deinen Träumen so verhältst, wie du es in dieser Lebensphase in Erinnerung hast, dass du zum Beispiel fröhlich, sorgenfrei oder ausgeglichen bist. Falls dein Verlust ein Ort oder eine Sache ist, wirst du dich vielleicht dort wiederfinden oder die Sache in der Hand halten, als wäre sie nie verloren gegangen. Hab keine Angst.

Sei offen, um diese spirituellen Verbindungen zu kanalisieren. In jedem von uns verbirgt sich ein spirituelles Wesen, das versucht, aktiv zu werden – es versucht, gesehen zu werden und uns zu beweisen, dass es mehr gibt als das, was wir mit unseren Augen erfassen können. Wenn du einen Traumbesuch hast, kannst du dir sicher sein, dass du heilst. Fass dir ein Herz und sei dir sicher, dass deine Trauer diese spirituelle Kraft weder ausbremsen noch dämpfen kann.

Tipps, um Traumbesuche zu fördern und die gute Energie in Gang zu halten:

- Besprühe dein Schlafzimmer mit ätherischem Lavendelöl oder gib ein paar Tropfen auf dein Kopfkissen, um guten Schlaf zu fördern.

- Stelle Kristalle in die Nähe deines Bettes, um deine Erholung zu fördern.

- Stelle sicher, dass dein Schlafzimmer dunkel ist und verwende im Zweifelsfall Verdunklungsvorhänge oder eine Schlafmaske.

- Denke über den Kauf einer White-Noise-Maschine als Einschlafhilfe nach, wenn du in einer lauten Umgebung oder mit anderen Menschen zusammenlebst.

- Mach vor dem Schlafengehen Yoga oder andere beruhigende Übungen, um herunterzukommen.

- Nimm, in Absprache mit deinem Arzt oder deiner Ärztin, CBD-Tropfen oder Melatonin-Tabletten vor dem Schlafengehen ein.

- Trinke Kamillentee oder andere entspannende Kräutertees, bevor du schlafen gehst.

Deine spirituellen Verbindungen wollen wachsen – sie wollen dir helfen. Lass es zu.

ENTDECKE DEINE SPIRITUELLEN WURZELN

Tief im Wald haben die Bäume Geschichten zu erzählen. Die Äste können Geschichten erzählen, wie sie viele Stürme überstanden haben, wie sie die Rückschläge des Lebens sowie die Jahreszeiten, die gekommen und gegangen sind, überdauert haben. Die Äste können dir davon erzählen, was es bedeutet, zu kämpfen, zu leben, ganz und gar lebendig zu sein und am Kreislauf des Lebens teilzuhaben.

Die vielleicht wichtigste Besonderheit dieser Bäume, dieser lebendigen Erzähler von Geschichten, sind vielleicht ihre Wurzeln. Manche dieser Wurzeln quellen über die Erdoberfläche, so dick und verknotet, dass wir über sie stolpern. Und unter der Erde gibt es ein komplexes Netzwerk weiterer Wurzeln, tiefer und weiter als alles, was wir uns vorstellen können. Die Wurzeln geben dem Baum in jeder Hinsicht Halt. Ohne sie besitzen die Bäume nichts. Während du trauerst, kann es schwer sein, deine Spiritualität auszuleben, ohne an deine eigenen spirituellen Wurzeln zu denken.

Nimm dir die Zeit, um vorsichtig nach innen zu schauen. Was sind deine spirituellen Wurzeln? Vielleicht bist du in einer religiösen Familie aufgewachsen, in der die Teilnahme an Gottesdiensten und die Gesellschaft anderer Gläubiger ein wichtiger Bestandteil deiner Kindheit war. Vielleicht kanntest du früher nichts davon, hast aber für dich selbst einen ruhigen, leidenschaftlichen Glauben an etwas Größeres entwickelt, der dir auf deinem Weg hilft. Was auch immer deine Wurzeln sind: Ehre sie. Erinnere dich an sie und nutze sie als Fundament, um dein spirituelles Selbst zu pflegen.

LIES SPIRITUELLE TEXTE

Wenn du mit Gläubigen beinahe jeder Religion sprichst, werden sie dir vermutlich davon erzählen, wie viel Weisheit und unglaublichen Trost ihre heilige Schrift ihnen schenkt. Sie lesen sie, sie studieren sie, sie suchen Antworten in ihr, wenn die Welt um sie herum keinen Sinn mehr ergibt ... zum Beispiel, wenn sie trauern und der Schmerz ihres Verlusts ihre Seelen fest im Griff hat und sich weigert, ihn zu lockern.

Christen haben die Bibel. Muslime haben den Koran. Während manche diese Schriften als lehrreiche Texte verwenden, sehen andere sie als eine Form von Literatur: wichtige Werke, die man lesen und über die man anschließend nachdenken sollte, wie über einen gefeierten Roman oder ein Sachbuch.

Jetzt, in deiner Zeit des Verlusts, in deiner Zeit des Weinens und des Trauerns, kannst du spirituelle Texte lesen, um Erleuchtung und Trost zu finden. Begrenze dich nicht nur auf die üblichen angepriesenen Bücher, die ich oben erwähnt habe. Trau dich auch, andere Bücher zu lesen, auf die sich Menschen in schwierigen und spirituell fordernden Zeiten stützen. Du kannst diese Bücher finden, indem du im Internet nach ihnen suchst oder Freunde, Familie, Kollegen und andere Menschen, die du schätzt, um Empfehlungen bittest. In Büchern liegt der Schlüssel des Verstehens und im Fall von Trauer auch ein Funken Hoffnung, der uns zeigt, was Trauer bedeuten kann und wie sie uns stärker macht. Spirituelle Texte können ein Licht sein, das dir in der Dunkelheit eines Verlusts den Weg weist.

FINDE HERAUS, WAS DEINE SEELE BRAUCHT

Im Jahr 2012 veröffentlichte die inspirierende Rednerin, spirituell Suchende und Unternehmerin Danielle LaPorte eins ihrer bekanntesten Bücher »The Desire Map: A Guide to Creating Goals« (»The Desire Map – Das Arbeitsbuch zur Verwirklichung Ihrer Lebensträume«). Im Grunde ist die »Desire Map«, die Sehnsuchts-Karte, ein Programm, das sich der Seele widmet und Menschen dabei hilft herauszufinden, wo ihre sehnlichsten Wünsche auf einem spirituellen Level liegen, und dabei die Antworten, nach denen sie sich sehnen, in sich selbst zu finden.

Danielles Buch und das Buch, das du gerade in den Händen hältst und das sich ebenfalls um mentale Selbstfürsorge dreht, scheinen sich auf den ersten Blick zu ähneln. Bei Danielles Ansatz geht es jedoch weniger darum, praktisch und strategisch vorzugehen. Ihr geht es vor allem darum, auf einem intuitiven und spirituellen Level in sich selbst hineinzuhören. Es geht darum, auf das eigene Bauchgefühl zu hören.

Trauer ist eine katalysierende Kraft. Und das gilt besonders für unsere spirituelle Identität und Natur. Wenn wir völlig ausgelaugt sind, wenn der Verlust von einst monumentalen Dingen und Strukturen in unserem Leben ein Gefühl von Sinnlosigkeit in uns auslöst, dann kann es sich wie ein zweckloses Unterfangen anfühlen, eine innere Führung zu finden. Wie sollst du bloß wissen, in welche Richtung du dich gerade bewegen müsstest, in welche Richtung sich deine Seele bewegen will, wenn du damit beschäftigt bist, in deinem Schmerz zu ertrinken? Das ist eine gute Frage, auf die es keine einfache oder schnelle Antwort gibt. Aber du kannst diese Antworten finden, wenn du geduldig bist und ihnen die Chance gibst, zu dir zu kommen.

Die »Desire Map« funktioniert genau so: Du arbeitest kontinuierlich darauf hin, deinen innigsten Wünschen auf den Grund zu gehen. Du findest heraus, wie sich diese Grundsätze des Lebens und der Lebensweise, des Körpers und Wohlbefindens, der Kreativität und des Lernens, der Beziehungen und der Gesellschaft, des Seins und der Spiritualität für dich anfühlen sollen, sobald du sie mit dir selbst in Einklang gebracht hast.

Diesen Prozess kannst du an deine Trauer anpassen. Also an das, was deine Seele, dein spirituelles Selbst, in dieser Zeit besonders braucht. Zeichne auf ein Blatt Papier vier Quadranten, sie symbolisieren dein Leitkreuz. Atme ein paarmal tief durch die Nase ein und langsam durch den Mund wieder aus. Schreibe dann auf, was dir in den Sinn kommt – ohne nachzudenken, zu grübeln oder zu planen. Das sind deine Instinkte. Deine Leitsterne. An diesen Punkten kannst du dich orientieren – du kannst dich an sie wenden, wenn du Raum zum Atmen brauchst, zum Sein.

PROBIERE EINE MANTRA—MEDITATION

Im Yoga und in spirituellen Kreisen ist schon lange bekannt, dass eine besondere Kraft in Mantras liegt. Es ist außerdem bekannt, dass Mantras besonders wirkungsvoll sind, wenn sie wieder und wieder aufgesagt werden. Das Chanten von Mantras stammt aus Indien, dem Geburtsort des Yogas. Mantras ähneln Affirmationen, denn auch sie sind heilige Wörter, Klänge oder auch kurze Sätze, die man wiederholen kann, um sich selbst zu erden.

Im Jahr 2018 schrieb Autorin Susan Moran in einem Artikel für das »Yoga Journal« ausführlich über Mantras. Sie erklärte den Lesern, um was es sich handelt und warum genau Mantras einen heilenden und beruhigenden Effekt auf diejenigen haben können, die sie in ihr Leben integrieren. Mantras kann man entweder in einer bequemen Sitzposition oder auch liegend aufsagen. Du kannst sie laut oder leise wiederholen, einmal, wenn du einatmest, und dann noch einmal beim Ausatmen.

Das Chanten von Mantras kann eine wunderbar erdende Übung für diejenigen sein, die trauern und die sich mehr ihrer spirituellen Selbstfürsorge widmen möchten. Wenn du diese Übung in deinen Werkzeugkasten der Selbstfürsorge aufnehmen möchtest, suche dir zunächst ein affirmatives Wort oder auch eine Wortgruppe aus, die dich anspricht. Das können warme und ermutigende Worte sein, die dir eine Freundin einst gesagt hat, etwas, das du in einem spirituellen Text gefunden hast oder etwas völlig anderes. Du kannst diese Wörter laut wiederholen oder ganz leise für dich. Wichtig ist, dass du auf dein Bauchgefühl hörst. Wenn sich eine Ruhe in dir ausbreitet, wie du sie vom Meditieren kennst, bist du absolut auf dem richtigen Weg.

VERBINDE DICH MIT DEINEN GEISTFÜHRERN

Es gibt Menschen, die darauf warten, von uns zu hören – die gerne mit uns Kontakt aufnehmen möchten, um uns ihre Liebe, Weisheit, ihr Mitgefühl und ihre Hilfe zu übermitteln. Diese Menschen sind Geistführer. Wenn wir im Einklang mit unserem spirituellen Selbst sind, kommen und gehen sie in unserem Leben. Die Zeit deiner Trauer ist eine wichtige und besondere Zeit, um dich erstmals oder auch erneut mit ihnen zu verbinden, falls bereits in der Vergangenheit eine Verbindung mit ihnen bestand.

Der beste Weg, um dich mit deinen spirituellen Führern zu verbinden, ist es, einfach zuzuhören. Höre wirklich genau zu und schaffe so einen Raum in deinem Leben – vor allem in deinem spirituellen Leben –, um offen genug zu sein und dem zuzuhören, was man dir zuflüstert. An diesem Punkt kann die Übung »Lausche der Stille« weiter vorne im Buch besonders hilfreich sein. Suche die Stille, um deinen Geistführern die Möglichkeit zu geben, mit dir zu sprechen.

Viele Menschen sagen, dass sie nicht mit ihren spirituellen Führern in Kontakt treten können und dass die Geistführer gar nicht mit ihnen sprechen wollen. Doch die spirituellen Führer betteln nicht darum, gehört zu werden. Sie werden dich nicht verfolgen, damit du ihnen zuhörst. Stattdessen betreten sie die Räume in deinem Leben, die nicht mit Ablenkungen und Lärm gefüllt sind. Wenn die Stille ein Grundstein deines spirituellen Lebens und deiner spirituellen Selbstfürsorge ist, werden sie zu dir kommen. Sie werden dich so sanft und mühelos streifen wie eine morgendliche Brise.

GEWINNE DIE GEBROCHENEN TEILE
DEINER SEELE ZURÜCK

Vielleicht hat dein Verlust dich gebrochen wie einen Ast, auf den man achtlos tritt. Verlust und Trauer haben dich vielleicht bestürzt, erschüttert und alles durcheinandergebracht, was du über dich selbst zu wissen geglaubt hast. Vielleicht fühlst du dich durch die Ungläubigkeit, durch den Schock, durch all die kleinen Herausforderungen, Verschiebungen und Veränderungen, denen du nur noch wie ferngesteuert begegnet bist, gebrochen. Vielleicht fühlt es sich an, als wäre deine Seele gebrochen, dein Glauben gebrochen, deine Hoffnung gebrochen und dein Wille, in die Zukunft zu schauen und zu akzeptieren, dass das Beste erst noch kommt.

Gebrochen. Du bist gebrochen. Gebrochenheit ist der Zustand, in dem du dich gerade befindest. Und gebrochen zu sein, sich an diesem Punkt zu befinden, ist nicht unüblich für diejenigen, die trauern. Aber es gibt Hoffnung, wenn du bereit bist, sie anzunehmen. Bist du also bereit, dir die Teile deiner Seele und deines Wesens zurückzuerobern, die dir Trauer und Verlust gestohlen haben?

Du weißt genau, was dein Verlust dir genommen hat. Du weißt genau, auf welche Art und Weise er dich dazu gezwungen hat, dich zu verändern. Du weißt, zu was du einst auf einem spirituellen Level fähig warst, aber jetzt fühlt es sich unmöglich und unerreichbar an. Du kennst dieses Level. Doch du kannst deine Seele zurückgewinnen und sie pflegen, bis sie wieder das ist, was sie einmal war. Alles, was du brauchst, ist innere Stärke und der Wille, deine zerbrochenen Teile wieder aufzusammeln und sie zu einer weiseren und vielleicht anderen Form neu zusammenzusetzen.

Ruf diese Dinge zurück. Ihr könnt wieder Kontakt zueinander aufnehmen wie zwei alte Freunde, die sich verloren oder im Laufe der Zeit auseinandergelebt haben. Du hast einen Anspruch auf das, was einst war. Du kannst dein altes Ich wiedererlangen, welches du einst warst. Du kannst sogar ein stärkeres, sichereres und ausgeglicheneres Selbst finden.

Hier findest du ein paar reflektierende Fragen, die dir bei deiner inneren Entdeckungsreise helfen können:

1. Welche Dinge in deinem Leben wurden von Verlust und Trauer gebrochen? Benenne diese Dinge so ausführlich wie möglich. Wenn nötig, schreibe sie auf eine Liste.

2. Auf welche Weise hat sich dir diese Gebrochenheit gezeigt? Nenne Beispiele.

3. Wie stellst du es dir vor, wieder ganz zu sein? Wie würde das aussehen? Wie würde es sich anfühlen?

4. Denke an Menschen, die das Gemüt haben, das du jenseits deiner Gebrochenheit auch gerne hättest. Das können Menschen in deinem Umfeld oder aber Menschen des öffentlichen Lebens sein.

5. Stell dir vor, wie erfüllt du dich fühlen wirst, wenn du diesen Vorbildern folgst. Wie kannst du der Person, die du in deinem neuen Leben nach deinem Verlust verkörpern willst, deine persönliche Note geben?

Sei mutig auf deiner Suche nach den vergessenen und verlorenen Teilen deiner Seele. Sei mutig, entschlossen, zielstrebig und stark.

ERLEBE DIE KRAFT VON KLANGSCHALEN

Klangschalen sind matte, metallene Schalen. Sie haben eine zylindrische Form, ähnlich wie ein Blumentopf, nicht aber wie die gewölbten Schüsseln zum Mischen von Backzutaten oder Salaten, die man aus der Küche kennt. Unabhängig von ihrem Aussehen sind Klangschalen ein heilendes Mittel und ein wunderbarer Weg, um spirituelle Heilung und Verjüngung in deine Selbstfürsorge zu integrieren. Eine Klangschale wird »gespielt« indem man mit einem Schlägel oder Reiber an ihrem Rand entlang fährt und so eine Vibration erzeugt. Diese Vibration erzeugt Töne, die beruhigend und wohltuend sein können. Während einer Klangschalen-Meditation werden häufig Mantras oder Affirmationen wiederholt, um eine tiefergehende Reflektion zu fördern.

Trauer kann überwältigend sein. Ein Verlust kann sich auch auf Teile deines Lebens auswirken, die auf den ersten Blick nichts damit zu tun haben. Unser spirituelles Leben bleibt davon natürlich auch nicht verschont – egal, ob es vor unserem Verlust stark und lebendig war oder eher gar nicht vorhanden. Wir müssen uns gegen die Veränderungen behaupten, die uns begegnen. Klangschalen sind ein Weg, das zu tun. Wenn du dich auf die Vibrationen fokussierst, die durch die Berührung des Schlägels entstehen, der die Schale berührt, können andere Gedanken und Gefühle schwinden. An ihre Stelle kann ein Gefühl von Ruhe und Entspannung treten.

Es gibt verschiedene Wege, wie du beginnen kannst, mit Klangschalen zu meditieren. Ein Weg ist es, einen Kurs zu finden, an dem du persönlich teilnehmen kannst. Die Teilnehmer sitzen hier gemeinsam in Stille zusammen, während die Klangschalen gespielt werden.

Ein weiterer Weg, um die heilende Kraft von Klangschalen zu erleben, ist das Ansehen von YouTube Videos. Suche gezielt nach Klangschalen-Meditationen für Trauer. Sei offen. Für Anfänger kann diese Meditation zunächst überwältigend oder auch wirkungslos erscheinen. Auch hier ist es also wichtig, dein Herz und deinen Kopf, aber vor allem deine Seele zu öffnen.

BEREITE DICH AUF KLISCHEEHAFTE SPRÜCHE VOR

In deiner Zeit der Trauer hast du sicher schon viele klischeehafte Sätze gehört. Sätze, von denen manche Menschen glauben, dass sie spirituell und aufmunternd seien, die aber in Wahrheit keinen echten Trost schenken. Man wird dir vielleicht Dinge sagen wie »Alles passiert aus einem Grund« oder »Sie/Er ist jetzt an einem besseren Ort«, falls du jemanden verloren hast.

Oberflächlich betrachtet erscheinen diese Sinnsprüche vielleicht als weise, taktvolle Sätze, die man zu jemandem sagt, der mit einem Verlust zu kämpfen hat. Sie liefern fein säuberliche Erklärungen für deinen Verlust und für die Trauer, die mit ihm einhergeht. Wenn du etwas oder jemanden verloren hast, kannst du darauf vertrauen, dass alles im Universum seine Ordnung und seine Zeit hat. Es macht also Sinn zu glauben, dass ein verstorbener Mensch, den du geliebt und geschätzt hast, jetzt an einem besseren Ort, an einem Ort ohne Leid, ist.

Das Problem mit Klischees ist jedoch, dass sie nicht das bewirken, wozu sie bestimmt sind. Die wenigsten Leute finden Trost darin, einen Grund für ihren Verlust genannt zu bekommen – ein Grund, der oft zu spezifisch ist und wenig Raum für die individuelle und unterschiedliche Erfahrung von Trauer bietet, die jeder Mensch macht.

Bereite dich mental darauf vor, diese Sprüche von anderen Menschen zu hören. Bereite dich darauf vor, mit Freundlichkeit zu reagieren und anzuerkennen, was gesagt wurde. Bereite dich darauf vor, auszuatmen, wenn du diese Worte hörst, und tief in deinem Inneren zu wissen, dass ein Verlust niemals ordentlich und vollständig erklärbar ist. Stattdessen ist er einfach ein Teil des Lebens. Und wir müssen lernen, mit ihm zu leben.

FINDE SPIRITUELLE FÜHRUNG IM TAROT

Tarot ist eine uralte Kunst, die dir ein wichtiges Werkzeug sein kann, um deinen Verlust zu verarbeiten, dich deiner Trauer zu stellen und Bedeutung zu finden, während du dich zu der Person entwickelst, die du nach deinem Verlust sein wirst. Es existieren viele falsche Vorstellungen vom Tarot. Filme, Fernsehen und Bücher haben Tarotkarten und Tarotkartenleger mit Wahrsagen gleichgesetzt und dargestellt. Beim Tarot geht es allerdings nicht darum, was in der Zukunft passieren wird. Es ist vielmehr ein Instrument, mit dem du in dich selbst hineinhören und erkennen kannst, was sich unter der Oberfläche abspielt.

Jedes Tarotdeck hat 78 Karten. Das bekannteste klassische Tarotdeck ist das Rider-Waite-Deck. Im Laufe der Zeit sind aber eine Vielzahl von einzigartigen Kartendecks entstanden, die von Illustratoren und Tarotlegern entwickelt wurden. Die Tarotkarten sind in zwei Gruppen aufgeteilt: Die großen Arkana (Karten, die ein Gesicht zeigen, das symbolisch für einen Archetypen steht) und die kleinen Arkana (die aus vier Farbreihen bestehen: die Stäbe, die Schwerter, die Kelche und die Münzen; jede Karte der jeweiligen Farbreihe hat eine Nummer von 1 bis 10). Es gibt eine Vielzahl von Interpretationsmöglichkeiten für jede Tarotkarte, die von deiner jeweiligen Situation abhängen und von der Weisheit, die du im jeweiligen Moment brauchst.

In einer Zeit des Verlusts und der Trauer kannst du spirituelle Führung in den Karten finden. In den sozialen Medien findest du verschiedene Tarotleger, die die Bedeutung der Karten interpretieren können, die du gezogen hast. Einige Tarotleger interpretieren das Tarot mit einem psychologischen Hintergrund. Andere kombinieren die Weisheit der Karten mit dem Thema Selbstfürsorge.

Tipps, um ein tägliches Tarot-Ritual durchzuführen:

- Ziehe jeden Morgen eine Karte und nutze diese Karte als Leitfaden für die Energie und die Ereignisse, die der kommende Tag für dich bereithält.

- Schreibe dir täglich auf, welche Karte du gezogen hast, und beobachte, ob du bestimmte Muster erkennen kannst.

- Mach dir keine Sorgen, wenn du dir nicht jede einzelne Bedeutung der Karten merken kannst. Das kommt mit der Zeit. Es gibt viele Online-Ressourcen, die dir dabei helfen können, die Bedeutungen zu verstehen.

- Wenn du eine Karte ziehst, frag dich selbst, was sie dir mitteilen will. Gibt es Dinge in deiner Trauer, die du bisher ignoriert hast oder denen du dich nicht stellen willst? Tarot ist ein großartiger Weg, um Dinge an die Oberfläche zu bringen, die du dir selbst nicht gerne eingestehst.

- Wenn du dein Kartendeck mischst, rufe deine Geistführer – deine Vorfahren oder auch andere Mächte, die du für geeignet hältst –, damit sie die Mitteilungen lenken, die du hören musst. Bitte sie darum, mit dir zu sprechen, und rechne damit, das zu empfangen, was du hören musst, wenn du so weit bist.

Self-Care-Tipp

Beginne deine Tarotreise, indem du ein brandneues Tarotdeck kaufst. Du findest Tarotdecks im Buchladen oder in spirituellen Läden, die auch Kristalle und Ähnliches verkaufen. Natürlich kannst du dein Tarotdeck auch online finden und bestellen.

FINDE ZU DEINEM GLAUBEN ZURÜCK

Die christliche Tradition hat einiges über das Konzept von Glauben zu sagen. Wenn du durch die Bibel blätterst, findest du weise und erkenntnisreiche Gedanken zu diesem Thema. So steht zum Beispiel im Brief an die Hebräer 11,1: »Es ist aber der Glaube eine feste Zuversicht dessen, was man hofft, und ein Nichtzweifeln an dem, was man nicht sieht.«

Glaube ist ein Lebenselixier. Er ist ein Leitbild, an dem sich viele von uns festhalten. Er kann aber auch eins der ersten Dinge sein, die verkümmern und sterben, wenn wir Trauer und Verlust begegnen. Die Energie, die wir aufbringen müssen, um mit einem Verlust fertigzuwerden, raubt vielen ihre Hoffnung auf die Zukunft.

Jeder neue Tag bietet uns die Möglichkeit, unseren Glauben auszuüben und uns selbst zu erlauben, hoffnungsvoll zu sein. Aus den Trümmern eines Verlusts kann eine Chance wachsen. Er bietet uns die Möglichkeit, etwas Neues zu wagen. Und deshalb dürfen wir auch erwarten, dass wir neue Ergebnisse erhalten, wenn wir etwas anders machen als zuvor.

Glaube bietet uns allen Erneuerung: Eine Erneuerung unseres Lebens, unserer Sichtweise und der Zuversicht, die sich in allem zeigt, was kommt. Das Leben nach einem Verlust ist ein ganz anderes Paar Schuhe. Wir werden gezwungen, unser Leben als Fremde zu leben, denen nichts mehr vertraut ist. Denn das, was wir verloren haben, ist jetzt völlig verändert. Das bedeutet aber nicht, dass wir uns unserer Trauer nicht mutig stellen können und mit einem tiefen Verständnis dafür, dass der Glaube unser Leben und die Art und Weise, wie wir zurechtkommen, beeinflussen kann.

Glaube bedeutet, auf etwas zu vertrauen, was du nicht sehen kannst und was du nicht mit Sicherheit wissen kannst. Glaube bedeutet, in die Zukunft zu blicken und deine Verluste hinter dir zu lassen – in der Gewissheit, dass du eines Tages wieder lächeln kannst. Glaube bedeutet zu akzeptieren, dass es immer wieder Verluste geben wird und du davon ausgehen kannst, dass du immer und immer wieder etwas verlieren wirst. Es bedeutet aber auch, dass du dir sicher sein kannst, dass du zu einem reicheren und mutigeren Menschen geworden bist, weil du diese Menschen und Dinge gekannt hast. Und dass du jetzt besser weißt, dass die Liebe dich heilen und stärken kann – trotz deiner kleinen Fehler.

Glaube: ein einziges Wort, das ein Versprechen und eine Zusicherung ist, dass dir all das in deiner Trauer geschenkt wird. Du kannst dir sicher sein, dass das Leben wieder schön sein und deine Seele irgendwann wieder geheilt sein wird. Der Glaube gibt dir dieses Versprechen. Aber nur, wenn du bereit bist, dich darauf einzulassen. Bist du dazu bereit?

ENTDECKE DIE NUMEROLOGIE

Wie sagt man so schön? Zahlen lügen nicht. Wenn es darum geht, heilende Werkzeuge und Bewältigungsstrategien in deiner Zeit der Trauer zu finden, dann ist die Numerologie – also die Idee, dass das Universum auf sein einfachstes Element reduziert werden kann und zwar auf Zahlen – eine uralte Weisheit, die allen von uns stärkende Wahrheit schenken kann. Der Grundgedanke der Numerologie ist es, anhand von Zahlen Informationen in deinem Leben aufzudecken. Die Quersumme unseres Geburtstages ergibt eine Zahl, die in der Numerologie als Lebenszahl bezeichnet wird. Diese Zahl liegt zwischen 1 und 9.

So wie deine Lebenszahl verkörpert auch jedes einzelne Jahr den Kern dieser Zahlen von 1 bis 9. Es gibt außerdem universelle Jahreszahlen und persönliche Jahreszahlen. So kann beispielsweise die universelle Jahreszahl eine 3 sein und deine persönliche Jahreszahl eine 6.

Wie du herausfinden kannst, welche deine persönlichen Zahlen sind, siehst du hier:

1. Nimm deinen Geburtsmonat (also eine der Zahlen von 1 bis 12) und deinen Geburtstag und zähle sie zusammen. Wenn dein Geburtstag beispielsweise am 5. März ist, wären deine Zahlen 5 und 3. Addiere diese Zahlen und du erhältst 8. Merke oder notiere dir diese Zahl. Wenn eine zweistellige Ziffer rauskommt, addiere sie, bis du auf eine einstellige Zahl kommst. So wird aus 11 beispielsweise eine 2 (1+1).

2. Jetzt addiere noch die Zahlen deines Geburtsjahres – eine Zahl nach der anderen –, bis du eine einstellige Zahl bekommst. Wenn dein Geburtstag also am 5. März ist und du im Jahr 1986 geboren wurdest, dann addiere die 8 zu den einzelnen Zahlen der 1986, bis du schließlich auf 5 kommst (8+1+9+8+6 = 32, 3+2=5). Das ist deine Lebenszahl.

3. Um deine persönliche Jahreszahl zu erhalten, tausche einfach dein Geburtsjahr gegen das aktuelle Jahr aus. Addiere deine Zahl aus Schritt eins und rechne so lange, bis du eine einstellige Ziffer erhältst.

4. Hurra, jetzt hast du deine Zahlen! Nutze das Internet oder Numerologie-Bücher, um mehr über die Bedeutung deiner Zahlen zu erfahren.

Self-Care-Tipp

Um noch mehr Informationen darüber zu bekommen, was deine persönlichen Jahresnummern für dich bedeuten, recherchiere ausgiebig im Internet.

Weitere Möglichkeiten, Hilfe zu finden:

Wenn du dich (oder jemand, den du kennst) in einer ernsthaften Krise befindest, gibt es viele Anlaufstellen, die dir helfen und dich unterstützen können. Scheue dich bitte nicht davor, dir helfen zu lassen. Auch ein Gespräch mit einer Ärztin oder einem Arzt deines Vertrauens kann dir weiterhelfen.

Du bist nicht allein!

Wenn es sich um einen Notfall handelt, wähle bitte direkt den Notruf oder suche ein Krankenhaus auf.

Notrufnummern
112 für Deutschland und Österreich sowie alle EU-Länder
144 für die Schweiz

Deutschland
Telefonseelsorge
Per Telefon: 0800 1110111 oder 0800 1110222
Per E-Mail oder Chat: https://online.telefonseelsorge.de
24 Stunden erreichbar. Es können auch persönliche Termine vor Ort vereinbart werden. Die Beratung erfolgt, wenn gewünscht, anonym und vertraulich.

Nummer gegen Kummer
Für Kinder und Jugendliche per Telefon: 116 111
Für Eltern per Telefon: 0800 111 0 550
Online-Chat und Beratungszeiten auf www.nummergegenkummer.de

Deutsche Depressionshilfe
Info-Telefon für Betroffene: 0800 33 44 533
Krisenchat: www.krisenchat.de
Für junge Menschen unter 25. Kontakt über Whatsapp mit erfahrenen Krisenberatern.
Selbsthilfegruppen in deiner Region findest du unter www.nakos.de.

Österreich

Telefonseelsorge
Per Telefon: 142
24 Stunden am Tag erreichbar, anonyme und kostenlose Beratung.
Beratung ist auch per Chat oder E-Mail möglich.
Alle Infos unter: www.telefonseelsorge.at

Kindernotruf
Per Telefon: 0800 567 567
Für Kinder (und Eltern) in akuten Krisen sowie Konfliktsituationen.
24 Stunden am Tag erreichbar.

Bündnis gegen Depression Österreich
Online: www.buendnis-depression.at
Hier findest du zahlreiche regionale Hilfsangebote.

Schweiz

Die Dargebotene Hand – Krisentelefon
Per Telefon: 143
Beratung per E-Mail oder Chat unter: www.143.ch
24 Stunden erreichbar, anonym und vertraulich.

Telefonhilfe 147
Per Telefon: 147
Rund-um-die-Uhr-Hilfe für Kinder und Jugendliche per Telefon, Chat oder
E-Mail. Die Beratung erfolgt kostenlos und anonym.
www.147.ch/de/

Danksagung

Dieses Buch, mein erstes vollständiges Werk, das das Licht der Welt erblickt hat, hat mich auserwählt. Es hat mich gefunden, verfolgt, mich gebeten und mich angefleht, es als heilig und würdig zu betrachten. Und ich habe zögerlich Ja gesagt. Trauer und Verlust sind meine bedeutendsten Lehrer. Aber dieses unheilvolle Paar war gleichzeitig auch mein größter Schmerz. Als Schwarze und afrikanische Frau, die eine Nachkommin von Sklaven ist, kenne ich Trauer schon mein Leben lang. In mancher Hinsicht ist es keine Übertreibung zu sagen, dass ich bereits seit meiner Geburt alles betrauert habe, was ich verloren hatte, und all das, was meine Vorfahren verloren haben. Ich kam mit einem Brüllen auf die Welt, schreiend und klagend. Ich drückte für diejenigen, die es nicht konnten, sämtliche Gefühle aus. In einem Verlust steckt auch Trauma. Ich habe mich gefragt, ob ich es irgendwann bereuen würde, als ich vorsichtig Ja zu diesem Projekt gesagt habe. Würde das Gewicht dieses sehr persönlichen und schweren Themas mich erdrücken? Wäre ich wirklich die richtige Person, um dieses Buch zu schreiben?

Jedes Wort, jeder Meilenstein meiner Wörterzahl, jede Seite, die ich verfasste, während draußen in der Welt eine Pandemie tobte und ich zu Hause feststeckte, zeigte mir jedoch, wieso das Schreiben dieses Buches genau das war, was ich brauchte. Über Trauer in einer längeren, strukturierten Form zu schreiben half mir dabei, mich mit meiner eigenen Trauer auseinanderzusetzen. Indem ich schrieb und beim Schreiben reflektierte, konnte ich mir die Bereiche meines Lebens genauer anschauen, in denen ich durch meine Trauer feststeckte und in denen meine Grübeleien ohne Ergebnis blieben. Ich konnte Beziehungen reparieren, die durch meine Trauer kaputtgegangen waren. Ich habe den Menschen vergeben, von denen ich glaubte, dass sie mich im Stich gelassen hatten, als ich sie und ihre Unterstützung besonders brauchte. Ich begann damit, genauer zu erkunden, auf welche Art und Weise die Trauer mich abstumpfen ließ und verpflichtete mich dazu, wieder weicher zu werden und es mir selbst zu erlauben zu heilen. Ich habe Freundschaften vertiefen können, die ich zuvor vernachlässigt hatte, und ich habe ganz neue Freundschaften geknüpft.

All diese Dinge waren regelrecht beängstigend. Wenn du genau weißt, wie einfach es ist, im Bruchteil einer Sekunde das zu verlieren, was du liebst, dann überzeugst du dich selbst davon, dass Selbstschutz das Wichtigste ist.

Wenn du dich ganz klein machst und zu einem Schatten deines früheren Selbst wirst, der kaum noch Erwartungen hat, dann tust du das, um dich selbst zu schützen. Aber eine Sache hat Trauer mir beigebracht: Alles, was dir begegnet, ist wertvoll. Es gibt so viele flüchtige Momente im Leben, und meine Verluste haben mir gezeigt, dass es leichtsinnig wäre, sie nicht alle aufzusaugen und sie für das wundervollste, großartigste und wunderschönste zu halten, was dir je begegnet ist. Denn das sind sie. Ich lebe jetzt so viel intensiver. Trauer hat mir verdeutlicht, dass es rein gar nichts bedeutet, am Leben zu sein, wenn du es nicht vollkommen ausschöpfst.

So viele Menschen haben mir auf meinem Weg geholfen, eine Autorin zu werden. Ich möchte ihnen hier den angemessenen Raum geben. In erster Linie an meine Eltern Sallie und Chidi Okona: Danke, dass ihr mich darin unterstützt habt, groß und wild und hemmungslos zu träumen, auch als ich darauf bestand, diese Sache namens Leben auf meine eigene Art und Weise anzugehen. Erinnert ihr euch daran, wie geschockt ihr wart, als ich euch erzählte, dass ich meinen Studiengang zu Journalismus wechseln würde? Ihr wart beide verblüfft. Aber ich war mir sicher – sicher, dass ich die Kunst des Schreibens, die ich geliebt habe, seit ich selbst schreiben kann, weiterverfolgen wollte. Ich musste sie erblühen und zu etwas Realem werden lassen. Dad, ich erinnere mich daran, dass du mein Talent für Wörter gelobt hast, als ich noch klein war. Diese beiläufige Feststellung gab mir Jahrzehnte später die Kraft, meiner Berufung zu folgen. Danke an euch beide, dass ihr (schließlich) akzeptiert habt, dass ich immer über den Rand hinausmalen würde. Ich liebe euch mehr als alles auf der Welt.

An meine Schwestern, Nnenna, Chinelo, und Chioma: Danke, dass ihr immer meine größten Cheerleader seid. Ihr drei seid mein Herz. Es ist meine größte Ehre, euch meine Schwestern nennen zu dürfen, und es ist auch eine Ehre, dass ich eure große Schwester sein darf. Ich weiß, dass ich diejenige bin, bei der ihr Rat suchen solltet, aber ich bin viel beeindruckter von den Dingen, die jede Einzelne von euch mir beigebracht hat: Wie man mutig ist, wie man von vorne beginnt, wie man überhaupt beginnt und wie man einfach man selbst sein kann. Eure Liebe hat mir so viel im Laufe der Jahre erklärt. Ich bin dankbar, dass ihr drei zu mir gehört. Schwestern für immer!

An meine vielen weiteren Familienmitglieder – all meine Tanten und Onkel, meine Cousins und Cousinen, die sich wie Bonusgeschwister anfühlen: Danke, dass ihr mich liebt und meinen Wunsch toleriert, mich bei jeder Familienfeier mit einem Buch in einer Ecke zu verkriechen. Ha!

An die zahlreichen Lehrer, die ich über die Jahre hatte, die mein Schreiben und meine Kreativität unterstützt und gefördert haben – Ms Henderson, Ms Westwood, Mrs Johnson, Dr. Jay Black, Dr. Margaret Walters, Dr. Linda Niemann und Wayne Chelf: Jeder von Ihnen hat etwas in mir gesehen und dafür danke ich Ihnen.

An meine wundervolle Agentin Beth Marshea: Danke, dass du vom ersten Moment an voller Euphorie für meine Vision, meine Worte und meine Ideen als Autorin warst. Danke, dass du mir das Gefühl vermittelst, gesehen zu werden, und dass du die Suche nach Menschen, die ein Teil meines Teams werden sollten, so einfach gemacht hast – und das nach vielen Jahren, in denen ich daran gezweifelt habe, ob das für mich überhaupt je möglich sein wird.

An meine vielen Freunde, Mentoren oder andere Autoren, die mich inspiriert haben – Marissa Evans, Evette Dionne, Britni Danielle, Hala Abdallah, Shayla Martin, Ashleigh Johnson, Cynthia Greenlee, Julia Coney, Gowri Chandra, Megan Braden-Perry, Lerita Coleman Brown, Tamara Watkin und viele andere: Danke, dass ihr mich immer daran erinnert, wer ich wirklich bin, wenn ich es mal vergesse.

Und an meine Vorfahren – diejenigen, die ich kenne, und diejenigen, die ich nicht kenne. Diejenigen, deren Namen ich kenne, und diejenigen, deren Namen ich niemals kennen werde. Mit diesem Buch ehre ich euch. In diesem Buch erinnere ich mich an euch. Ich erkenne die Trauer und die Verluste an, die ihr erleben musstet. Ich hoffe, dass ihr jetzt heilen könnt.

Platz für deine Gedanken:

Die in diesem Buch gewählten geschlechtlichen Formen beziehen sich immer zugleich auf weibliche, männliche und diverse Personen, denn natürlich sollen unsere Bücher allen Menschen Freude bringen. Wir haben bewusst zwischen der weiblichen, männlichen und einer offenen Schreibweise abgewechselt, um diese Herzensangelegenheit zu unterstreichen.

Titel der Originalausgabe: Self-Care for Grief
Autorin: Nneka M. Okona
Copyright © 2021 by Simon & Schuster, Inc.

© 2022 für die deutsche Ausgabe:
arsEdition GmbH
Friedrichstr. 9
D-80801 München
Alle Rechte vorbehalten

Bildnachweis:
Cover: vectortwins / Shutterstock.com
Bilder Innenteil: vectortwins / Shutterstock.com, Oliver.zs / Shutterstock.com, ArtMari / Shutterstock.com, Valeriya Pekar / Shutterstock.com

Aus dem Englischen von Kristin Funk
Covergestaltung: das verlagsatelier ROMY POHL
Gestaltung Innenteil: Eva Schindler, Grafing

ISBN 978-3-8458-4958-4
www.arsedition.de